일터에서
그리스도인으로 사는 길

## 일터에서 그리스도인으로 사는 길

지은이 | 이장로
초판 발행 | 2020. 3. 18
4쇄 발행 | 2022. 3. 15
등록번호 | 제1988-000080호
등록된 곳 | 서울특별시 용산구 서빙고로65길 38
발행처 | 사단법인 두란노서원
영업부 | 2078-3352    FAX | 080-749-3705
출판부 | 2078-3331

책값은 뒤표지에 있습니다.
ISBN 978-89-531-3716-5  03230

독자의 의견을 기다립니다.
tpress@duranno.com   www.duranno.com

두란노서원은 바울 사도가 3차 전도여행 때 에베소에서 성령 받은 제자들을 따로 세워 하나님의 말씀으로 양육하던
장소입니다. 사도행전 19장 8-20절의 정신에 따라 첫째 목회자를 돕는 사역과 평신도를 훈련시키는 사역, 둘째 세계
선교(TIM)와 문서선교 (단행본·잡지) 사역, 셋째 예수문화 및 경배와 찬양 사역, 그리고 가정·상담 사역 등을 감당하고 있습
니다. 1980년 12월 22일에 창립된 두란노서원은 주님 오실 때까지 이 사역들을 계속할 것입니다.

# 일터에서
# 그리스도인으로
# 사는 길

이장로 지음

삶의 한가운데서

하나님 나라를

찾다

40th 두란노

성숙한 그리스도인이란, 세상 가치가 지배하는 일터에서 하나님 나라를 이루어 가기 위해 처절하게 영적 싸움을 하는 사람, 소명 하나를 붙들고 믿음의 실험을 하는 사람임을 깨닫게 됩니다. 그런 측면에서 이 책은 저와 같이 실제 일터에서 살아가는 그리스도인들에게 꼭 필요한 책입니다. 신앙과 일터에서의 삶을 조화시키는 방법을 성경을 근거로 제시하고 있기 때문입니다. 그리고 그것은 결국 하나님 나라를 세우는 일이며 그리스도인으로 성숙하게 빚어 가는 일입니다. 이 책을 통해 많은 그리스도인이 하나님이 맡겨 주신 일터에 대해 새롭고 분명한 소명을 발견하게 되기를 바랍니다.

**구홍림** 우성염직 대표

'교회 안에 갇힌 한국 교회' '세상과 단절된 한국 교회'에 대한 반성은 한국 교회가 성장을 멈추고 세상 사람들로부터 우려와 염려를 받게 되면서부터 매우 중요한 과제로 다루어져 왔습니다. 변화산에서 "이곳이 좋사오니"라고 말한 제자들처럼, 지금까지 교회는 함께 모여 예배하며 그 안에서 기쁨을 누리는 일에 너무 많은 관심을 가져 왔습니다. 하지만 "내려가자"는 주님의 말씀을 따라 세상으로 내려가고 나아가는 일은 등

한시 하였던 것이 사실입니다. 그러다 보니 교회는 세상에서 고립된 채로 자신만의 성을 쌓게 되었습니다. 소금과 빛의 역할을 감당하지 못하는 교회가 되고 만 것입니다.

이 책은 오늘날 한국 교회가 처한 현실에서 매우 의미 있는 책이라고 생각합니다. 교회와 사회를 연결해 주고, 교인과 일터를 연결해 주며, 세상을 바꾸는 일에 성도들을 초청하고 있기 때문입니다.

본서는 일터의 문제를 탁상에서 이해하는 것이 아니라, 실제적인 현장 감을 가지고 접근하는 점이 매우 탁월하며 가치가 있습니다. 이 책을 통해 많은 그리스도인이 성경적 리더로서 그 자질을 계발하고 세상 속에서 하나님 나라를 이루는 일에 크게 헌신할 수 있었으면 좋겠습니다.

**김경진** 소망교회 담임목사


많은 그리스도인이 삶의 현장에서 고군분투합니다. 그리스도인으로서 정체성을 가지고 살아가고자 하는데, 세상은 그 정체성을 허물어야만 성공할 수 있다고 속삭이기 때문입니다. 성숙한 그리스도인이 되는 길, 일터 속에 하나님 나라를 세우는 일, 모두 강력한 영적 싸움의 현장에서 하나님의 승리를 선포하는 일입니다.

추천사

이 책은 한국리더십학교에서 '일터 속 하나님 나라 운동'을 주제로 강의해 온 저자가 그동안 무릎으로 기도하고, 삶의 현장에서 치열하게 분투하며 맛본 은혜들을 나누고 있습니다. 또한 예수님의 가르침과 삶을 통해 하나님 나라를 세워 가는 지혜가 담겨 있습니다. 바라기는 하나님 나라를 꿈꾸는 독자들이 이 책을 통해 교회와 일터에서 매일 영적 승리의 기쁨으로 하나님께 영광을 올려 드리는 하루하루가 되기를 소망합니다.

**김은호** 오륜교회 담임목사

좋은 리더십은 성품과 관계를 통해 나타나게 됩니다. 관계나 성품은 하나님의 부르심 앞에 믿음으로 응답하는 사람들에게 일상생활 속에서 일어나는 영향력의 원천입니다.

이장로 교수님은 일찍이 한국 교회의 약점을 발견하고 일상생활 속에서 하나님의 사람은 어떻게 살아야 하는가를 연구해 오며 오랫동안 리더십학교를 통해 좋은 리더들을 양육해 오셨습니다.

이 책은 삶의 현장에서 하나님 나라를 이루어 가는 일꾼들이 어떻게 만들어져 왔는지 실제의 사역 속에서 실천해 온 원리들을 통해 소개하고 있습니다. 또한 성경적인 바탕 위에 리더십 이론의 견고함과 현장의 다양함을 적용해서 일상이 영성이 되는 길을 제시해 주고 있습니다.

한국 교회의 리더십이 심각한 도전을 받고 있는 이때에 이장로 교수님의 지혜와 경험을 담은 이 책은 적은 분량이지만 수천 페이지의 어떤 글보다도 더 풍성함을 독자들에게 제공해 줄 것입니다. 이 책은 독자들 안에 잠자는 하나님 나라의 비전을 다시 일깨우며 새로운 용기와 도전으로 이어지게 만들 것입니다

**김형준** 동안교회 담임목사, 국제코스타 이사장

저는 한국리더십학교 교장이신 이장로 박사를 매우 좋아합니다. 왜냐하면 믿음의 젊은이들을 성숙한 하나님 나라의 일꾼들로 교육하여 나라와 민족과 교회 앞에 리더로 세우는 귀한 사역을 앞장서서 헌신적으로 감당하고 있기 때문입니다.

한 사람이 바로 서면 그 한 사람을 통해 인류 역사는 변화되고 개혁된다는 믿음이 있습니다. 하나님은 그 한 사람을 통해 하나님 나라를 세우기를 원하시는데 바로 한국리더십학교가 그 역할을 톡톡히 감당하고 있습니다.

이 책은 그런 점에서 일목요연하게 그 한 사람을 어떻게 교육하고 세우

는지를 보여 줍니다. 이사야 선지자가 "작은 자가 천 명을 이루겠고 그 약한 자가 강국을 이룰 것이라"(사 60:22)고 말했듯이, 한 사람이 세상을 변화시킬 수 있습니다. 그 위대한 역사하심을 기대하며 기쁜 마음으로 이 책을 적극 추천합니다.

**박기철** 분당제일교회 담임목사, 총회훈련원 원장

일터는 우리 삶에서 가장 밀접하면서 중요한 자리입니다. 우리가 일터에서 행복을 누리지 못한다면 그것은 가장 큰 비극입니다.

이 책은 우리의 일터에서 성숙한 그리스도인으로서 어떻게 하나님 나라를 살 수 있는지를 가르쳐 줍니다. 이 책에는 예수님이 가르쳐 주신 성경적 리더십의 모범이 담겨 있고, 예수님이 삶의 자리에서 어떻게 하나님 나라를 이루고 세우셨는지를 보여 주고 있습니다. 한편, 일터에서 하나님 나라를 누리는 것이 무엇인지 실제적 개념과 사례들을 통해 자세하게 배울 수 있습니다.

하나님은 우리 그리스도인을 세상 속으로 보내셨습니다. 보냄 받은 우리를 통해 하나님 나라가 세상 속에서 확장되고 성장합니다. 이 책을 통해 그리스도인으로서 사명을 확인하고 리더십을 계발할 수 있기를 기대

일터에서 그리스도인으로 사는 길

합니다. 귀한 글을 통해 일터에서 하나님 나라를 누리며 기쁨으로 사시
길 축복합니다.

**이재훈** 온누리교회 담임목사

저자는 일터 속에 직접 개입하여 동역하시는 하나님을 그의 삶을 통해
증언하며, 일터에서 만나 주시는 하나님을 끊임없이 소개해 온 주인공
입니다. 청년 시절부터 하나님 나라가 이 땅 위에 이루어지기를 소망하
며, 신앙인들의 리더십 개발을 위해 그의 삶 전체를 집중해 왔습니다.
특별히 경영학 교수로 후학들을 양성하며, 제자들이 각 분야에서 신앙
인으로서 하나님 나라 운동을 확산시키는 주인공이 되는 데 큰 공헌을
했습니다.
이 책은 저자의 살아 있는 경험과 하나님 나라 운동을 실천하고 있는 기
업의 사례들을 접목하고 있습니다. 따라서 일터에서 실제적인 적용이
가능한 신앙 지침서라고 할 수 있습니다. 바라기는 이 책을 통해 일터
속에서 예수님의 리더십을 나타내며, 하나님 나라 참여와 실현을 위한
선한 능력을 쌓아 갈 수 있기를 기대합니다.

**임성빈** 장로회신학대학교 총장

이렇게 많은 그리스도인이 있음에도 가정과 일터와 사회와 나라가 변화하지 않는 것은 그들 각자의 삶의 현장, 즉 일상에서의 삶과 교회 테두리 안에서의 삶이 다르기 때문이라고 생각합니다. 다시 말해 그리스도인들이 삶의 현장에서 하나님 나라를 구현하지 못하고 있다는 것입니다. 이장로 교수님은 교회의 장로요 경영학자로서 일터에서 하나님 나라를 세우는 것이 사명이 되어야 하며, 이 사명을 교회가 감당하기 위해 일터학교를 세우고 성도를 훈련시켜야 한다고 가르치고 계십니다. 이 책을 통해 많은 목회자와 성도가 사명을 바로 세우는 계기가 되기를 기원합니다.

**전희인** 한국교세라정공 대표

십계명 중 제4계명이 무엇이냐고 물으면 대개 "안식일을 기억하여 거룩하게 지키라"(출 20:8)고만 대답합니다. 우리는 그다음에 "엿새 동안 모든 일을 힘써 하여라"(출 20:9)라는 말씀이 뒤따라온다는 사실을 종종 잊어버립니다. 성도는 안식일 하루를 통해 나머지 엿새를 살아갈 힘을 얻고, 엿새 동안은 안식일을 바라보며 살아가야 합니다. 엿새 동안 우리는 우리가 해야 할 모든 일(가정, 일터 등)을 '힘써' 행해야 합니다. 그런데 한국

교회는 주일성수는 금과옥조처럼 강조해 왔지만, 나머지 엿새를 어떻게 살아야 할지에 대해선 상대적으로 강조하지 않았습니다. 모이는 교회는 잘해 왔지만, 흩어져 세상의 빛과 소금으로 살아가는 데는 부족했습니다. 또 구체적으로 어떻게 사는 것이 세상의 빛과 소금인지 그 실천을 제시하는 데도 약했습니다.

이런 한국 교회 신앙의 불균형을 바로잡아 줄 좋은 책이 나왔습니다. 이 책은 한평생 하나님 나라 운동을 해온 저자의 무르익은 생각이 정리되어 있습니다. 저자는 오랫동안 한국리더십학교 책임자로 젊은이들을 신앙과 실력을 겸비한 하나님 나라의 일꾼으로 양성해 왔습니다. 저자는 이 책을 통해 성도들이 교회 안에서만 믿음 좋은 사람으로 인정을 받는 데 머물지 않고, 일터에서 예수의 제자로 살 것을 주문합니다.

'일터 그리스도인'이란 어떤 사람이고, 일터에서 어떻게 하나님의 나라를 세워 가야 할지, 대인관계론으로부터 시작하여 신앙 공동체 만들기 등을 실제 사례와 더불어 제시하고 있습니다. 세상에서 하나님의 뜻을 이루는 하나님 나라의 일꾼으로 살고자 하는 모든 분에게 일독을 권합니다.

**최원준** 안양제일교회 담임목사

# 제1부

## 일터에서
## 그리스도인으로 사는 길

**2.**
**예수님께**
**리더십을 배우다** _48

**3.**
**일터에서**
**제자로 살다** _80

# 제2부

# 일터 속에
# 하나님 나라를 세우는 길

일터는 삶의 한가운데에 있습니다. 우리는 대부분의 삶을 일터에서 보냅니다. 전업주부는 가정이, 학생은 학교가 일터입니다. 아무도 일터를 떠나 살 수는 없습니다. 따라서 삶의 질은 일터에 달려 있다고 해도 과언이 아닐 것입니다. 일터에서 어떻게 사느냐는 개인의 행복은 물론이고 크고 작은 회사, 국민 경제, 나아가 국가사회 전반에 심대한 영향을 미치는 근본적인 질문입니다. 그럼에도 불구하고 교회는 일터에서 그리스도인으로 사는 길을 올바로 제시하지 못하고 있는 것 같습니다.

그리스도인은 예수 그리스도를 믿고 거듭나서 영생을 얻고 그리스도에게 속한 사람입니다. 거듭난 사람은 어린아이로 머물지 않고 성장해서 그리스도처럼 온전한 사람이 되어야 합니다. 먼저 예수님에게 배우고 그를 따르는 제자가 되는 것이 중요하겠지요. 물론 이 길은 좁고, 어렵습니다. 그렇지만 그리스도인이라면 마땅히 가야 합니다.

책의 1부는 성숙한 그리스도인이 되는 길을 말하고 있습니다. 구체적으로 아래와 같은 질문에 대한 예수 그리스도의 가르침을 함께 생각해 보려고 합니다.

일터에서 그리스도인은 누구인가?
성숙한 그리스도인의 소명은 무엇인가?
우리는 예수님의 리더십 모델로부터 무엇을 배울 것인가?
일터에서 예수님처럼 제자를 삼을 수 있을까?

우리는 어떻게 사는 것이 잘 사는 길일까를 깊이 묻기를 꺼려 합니다. 올바른 해답을 얻기가 어렵기 때문이겠지요. 그러나 잘 사는 길은 우리 가까이에 있습니다. 바로 예수 그리스도가 이 땅에 가져온 하나님 나라

가 우리가 사는 길입니다. 하나님 나라가 우리 안에, 이웃과의 관계 속에, 그리고 일터 속에 임하면 거기에 우리가 바라는 생명, 사랑과 정의, 평화와 행복이 있습니다. 2부에서는 그리스도인으로서 일터 속에 하나님 나라를 세우는 길을 질문하고 그 해답을 성경 속에서 찾아보려고 합니다.

일터에서 행복한 대인관계를 만들기 위해 어떻게 살 것인가?
일과 신앙이 분리되지 않고 하나로 통합된 삶은 과연 가능할까?
일터 속에 하나님 나라를 어떻게 세울 것인가?

이 책은 제가 교장으로 섬기고 있는 한국리더십학교에서 지난 20년 동안 가르친 내용을 간추려 정리한 것입니다. 제자들은 나의 사랑의 열매이고 오늘 내가 살아야 할 가장 큰 이유입니다. 언젠가 그들을 떠나야 할 날이 올 것인데 그날을 예비하기 위해 이 책을 출간하게 되었습니다.
저술과 출판 과정에서 많은 분의 도움을 받았습니다. 제자 김윤정, 조

석주는 강의록 및 원고 정리에 도움을 주었습니다. 구홍림 대표님, 남미경 대표님, 전희인 대표님, 이전호 목사님, 김홍주 목사님, 김세중 교수님은 사례 작성에 기꺼이 협조해 주셨습니다. 나의 사랑하는 아내는 처음부터 끝까지 마음을 함께하며 기도와 격려를 아끼지 않았습니다. 이 밖에도 도움을 주신 모든 분들과 어려운 업황에서도 출간에 애써 주신 두란노에 감사를 드립니다.

마지막으로 나의 주 예수 그리스도, 나의 하나님께 감사드리며 이 책을 올려 드립니다.

2020년 3월
이장로

제1부

일터에서
그리스도인으로
사는 길

# 1 〰〰〰〰

## 성숙한 그리스도인이 되다

◇　　　로마서 8장 9절

만일 너희 속에 하나님의 영이 거하시면 너희가 육신에 있
지 아니하고 영에 있나니 누구든지 그리스도의 영이 없으면
그리스도의 사람이 아니라

"내 속엔 내가 너무도 많아…"라는 노래 가사처럼 현대인은 다양한 정체성 속에서 살고 있습니다. 직장에서의 나와 교회에서의 내가 다르고, 오프라인과 SNS에서의 내가 다릅니다. 누가 진짜 나일까요?

"너 자신을 알라"는 소크라테스의 명언은 역설적으로 사람은 스스로 자기 자신을 알 수 없다는 것을 강조합니다. 내가 누구인지를 아는 길은 정말 없을까요? 성경은 사람을 창조하신 하나님을 만나면 진짜 자아를 깨닫는다고 증거합니다. 진짜 그리스도인은 누구일까요? 이제 그리스도인의 정체성을 찾아 하나님과의 데이트를 시작하려고 합니다.

## 거듭난 사람

사람은 보통 다른 사람과의 대인관계를 통해서 자기 자신에 대해 알고 배우게 됩니다. 이와 관련해서 보리스 파스테르나크 (Boris Pasternak)는 그의 소설 《닥터 지바고》에서 다음과 같이 말합니다.[01]

"그럼, 너는 누구냐? 네가 항상 네 자신이라고 알아 왔던 너에 관한 그것이 무엇이냐? 너는 네 안에 있는 무엇을 알고 있나? 너의 심장인가, 너의 간인가, 너의 혈관인가? 아니다. 네가 네 기억 속으로 아무리 더듬어 볼지라도 네가 너의 아이덴티티(identity)를 발견하는 곳은 항상 네 자신이 외적으로 나타난 곳이다. 즉 너의 손재주에서, 너의 가족에서, 또는 다른 사람들에게서 말이다. 그러니 지금 조심스럽게 귀 기울이라. 타인들 속의 너—이것이 너의 실체이며 너의 의식이 숨 쉬어 온 것이고, 또 너에 관한 인상이 새겨진 곳이며 너의 전 생애, 영혼, 그리고 불멸의 것으로 살아남을 곳이다."

위 글에서 '타인들 속의 너'는 진짜 본연의 자기 자신이라고 말할 수 있을까요? 타인과의 관계 속에 투영된 자아는 타인이 누구이고 그와의 관계가 어떠한가에 따라 달라질 수 있습니다. 타인 중에서도 가장 가까운, 가족과의 관계라도 서로 상처를 주는 일그러진 관계가 될 수 있지요. 그런 관계 속에서 자기 자신을 인식하는 것은 마치 깨어진 거울 속에 있는 자신을 보는 것과 같아서 그것이 진짜라고 할 수 없습니다. 그렇다면 진짜 자기를 알 수 있는 길은 어디에 있을까요?

성경은 하나님을 만나면 진짜 자신을 알게 된다고 말씀합니다. 예수님은 요단강에서 세례를 받을 때 성령이 임하며 "너는 내 사랑하는 아들이라 내가 너를 기뻐하노라"는 하늘의 소리를 들었습니다(막 1:11). 베드로는 예수님을 만난 후 자신이 죄인임을 알고 그리스도를 믿음으로 거듭났습니다(벧전 1:3). 바울은 예수 그리스도를 믿는 사람들을 박해하다가 다메섹에서 부활하신 예수님을 만나고 회개한 후에 거듭나 새사람이 되었지요. 오늘날도 여전히 많은 사람이 예수 그리스도의 은혜로 하나님을 만나 거듭나고 자신을 새롭게 발견합니다.

> 예수께서 대답하여 이르시되 진실로 진실로 네게 이르노니 사람이 거듭나지 아니하면 하나님의 나라를 볼 수 없느니라 요 3:3

거듭나다(born again)는 '위로부터 태어나다' 혹은 '새롭게 태어나다'라는 뜻입니다. 거듭남은 위에 계신 하나님으로부터 영생을 얻고 하나님의 자녀로 다시 태어나는 것입니다. 그래서 성경은 거듭난 사람을 '하나님께로부터 난 자'(요 1:13, 요일 3:9) '하나님의 자녀'(요 1:12) '새로 지으심을 받은 자'(갈 6:15) '새로운 피조물'(고후 5:17)이라고 합니다. 거듭남은 한 번으로 영원한 효과를 지니며(롬 6:4), 영적인 성장의 출발점(엡 4:24)이 되는 동시에 종말에 있을 완전한 구원과 연결되어 있습니다(벧전 1:3-12).02

그렇다면 사람이 어떻게 거듭날 수 있을까요? 유대인의 선생 니고데모는 "사람이 늙으면 어떻게 날 수 있습니까, 두 번째 모태에 들어갔다가 날 수 있습니까" 하고 예수님께 물었습니다. 이때 예수님은 "진실로 진실로 네게 이르노니 사람이 물과 성령으로 나지 아니하면 하나님의 나라에 들어갈 수 없느니라"(요 3:5)고 대답하셨습니다. '물'은 사람의 죄악을 깨끗이 씻어 주시는 하나님의 활동으로 해석할 수 있습니다. 죄 사함은 오직 하나님만 하실 수 있고, 성령도 하나님이 보내 주십니다. 이와 관련해서 베드로는 "너희가 회개하여 각각 예수 그리스도의 이름으로 세례를 받고 죄 사함을 받으라 그리하면 성령의 선물을 받으리니"라고 말합니다(행 2:38). 사람이 죄 사함을 받기 위해서는 회개가 필요합니다.

회개는 삶의 근본적인 동기와 방향을 완전히 돌이켜 하나님 아버지께 돌아가는 것입니다. 회개는 의지적 결단이며 또 결연한 행동입니다. 이는 단순히 후회한다는 감정의 변화만을 뜻하지 않습니다.

회개에 관한 예수님의 세 가지 비유가 누가복음 15장에 있습니다. 잃은 양 한 마리를 찾고 기뻐하는 목자의 비유, 잃은 드라크마를 찾고 기뻐하는 여인의 비유, 집을 나갔다가 돌아온 아들을 되찾자 기뻐하는 아버지의 비유가 그것입니다. 세 비유의 공통점은 죄인 한 사람을 끝까지 포기하지 않고 찾으시는 하나님의 엄청난 사랑, 그리고 그 죄인이 회개하고 돌아왔을 때 이웃과 잔치를 열며 기뻐하시는 하나님 아버지의 모습입니다. 회개는 하나님의 사랑에 대한 인간의 응답이며, 하나님의 용서로 말미암은 만남의 기쁨을 경험하는 것입니다.

예수님은 사람이 거듭나지 않으면 하나님 나라를 볼 수 없고, 들어갈 수 없다고 말씀하십니다(요 3:3, 5). 하나님 나라를 본다는 것은 마지막 때에 천국에 동참하는 것, 또는 영생과 구원을 얻는 것과 같은 뜻입니다(요 3:5, 15-17).

거듭났습니까? 거듭난 사람은 영생이 있고, 심판에 이르지 않으며, 사망에서 생명으로 옮겨졌습니다(요 3:15-17, 5:24). 거듭난 사람은 새 생명의 능력으로 점차 예수님처럼 자라 가며(엡 4:15), 예수님이 재림하는 날에 영화롭게 완성될 존재입니다(벧전 1:3-4). 우리는 자신이 얼마나 존귀한 존재인지 알아야 합니다.

모든 시작은 거듭남에서 출발합니다. C.S. 루이스가 지적했듯, "지금 우리가 자신이라고 부르는 것을 몰아내고 그분이 우리를 취하시게 할수록 우리는 더욱 진정한 자아가 되어 갑니다".03 그리스도인은 거듭난 사람입니다. 거듭나면 천지와 만물을 창조하신 하나님이 아버지가 되십니다. 거듭난 사람에게는 영생과 구원과 하나님 나라가 선물로 주어집니다.


## 성령의 사람


그리스도인은 성령의 사람입니다. 성령은 사람을 거듭나게 하며 또한 온전하게 자라게 하는 데 도움을 주시는 하나님의 영입니다. 또한 성령은 예수의 영으로서 부활하신 예수 그리스도를 증거합니다. 수많은 제자들이 부활하신 예수님을 만났고 또한 그들은 예수님의 부활을 증거하다가 목숨을 잃기까지 했습니다. 만약 부활이 거짓이라면 어느 누가 목숨을 걸겠습니까? 그것도 셀 수 없이 많은 사람이 말입니다.

바울은 이렇게 증언합니다.

성경대로 그리스도께서 우리 죄를 위하여 죽으시고 장사 지낸 바 되셨다가 성경대로 사흘 만에 다시 살아나사 게바에게 보이시고 후에 열두 제자에게와 그 후에 오백여 형제에게 일시에 보이셨나니

고전 15:3-6

사도행전을 포함하여 신약성경을 읽어 보면 이런 증인들의 생생한 증언과 사건을 마주하게 될 것입니다. 그 대표적인 인물로 제자 베드로를 살펴보겠습니다.

베드로는 예수님이 붙잡히시고 고난을 받으셨을 때 제사장의 하인 앞에서 예수님을 모른다고 부인할 정도로 겁이 많은 사람이었습니다. 그랬던 그가 오순절에 성령의 충만함을 받고 나서 완전히 변화되어 새사람이 되었습니다. 그날 수많은 예루살렘 사람들과 세계 각지에서 예루살렘을 방문한 경건한 유대인들 앞에서 담대히 "너희가 십자가에 못 박은 이 예수를 하나님이 주와 그리스도가 되게 하셨느니라"고 증언했습니다(행 2:36). 베드로의 설교를 듣고 예수를 그리스도로 시인하고 세례를 받

은 사람이 삼천 명이나 되었습니다(행 2:41). 또 베드로는 나면서부터 걷지 못한 병자를 낫게 하는 표적을 행하여 예루살렘에 사는 모든 사람이 그 된 일을 보고 하나님께 영광을 돌렸습니다(행 3:1-4:22). 사람들은 심지어 병든 사람을 침대와 요 위에 누이고 거리로 메고 나가 베드로가 지날 때 혹 그의 그림자라도 덮일까 바라고 나오기까지 했습니다.

예루살렘 교회의 지도자가 된 베드로는 예루살렘을 비롯해 사방으로 두루 다니며 표적을 행했습니다. 룻다에서는 중풍병으로 침상에 누운 지 팔 년이 된 사람을 일어나게 했고, 욥바에서는 병들어 죽은 여제자 다비다를 살려 내었습니다. 베드로는 가이사랴에 사는 이방 사람인 백부장 고넬료의 집에 초대받아 가서 설교할 때에 성령이 말씀 듣는 모든 사람에게 임하는 것을 목도하고 성령을 받은 이방인들에게 물세례를 베풀었습니다. 이방인의 집에 가서 식사하고 또 세례를 베푼 일 때문에 예루살렘에 있는 그리스도인들이 비난하자 베드로는 그들에게 성령이 하신 일을 상세히 설명하고 설득합니다. 그러자 예루살렘 교회는 이방인에게도 생명을 얻는 회개를 주셨다는 사실을 인정하며 하나님께 영광을 돌립니다.

베드로에게서 보는 것처럼 성령이 임하시면 그리스도인은 권능을 받습니다. 이런 권능은 성령님이 예수 그리스도를 증거하기 위해 행하시는 표적입니다. 권능은 결코 제자들의 소유가 아니라 성령이 주권적으로 자기를 나타내시는 것입니다.

바울은 이를 성령의 은사라고 설명합니다. 은사는 여러 가지나 성령은 같습니다. 한 성령이 자기의 뜻대로 각 사람에게 은사를 나누어 주십니다. 어떤 사람에게는 성령으로 말미암아 지혜의 말씀을, 어떤 사람에게는 같은 성령을 따라 지식의 말씀을, 다른 사람에게는 같은 성령으로 믿음을, 어떤 사람에게는 한 성령으로 병 고치는 은사를, 어떤 사람에게는 능력 행함을, 어떤 사람에게는 예언함을, 어떤 사람에게는 영 분별함을, 다른 사람에게는 각종 방언 말함을, 다른 사람에게는 방언 통역함을 주십니다(고전 12:4-11). 주님은 우리에게 맡기신 일에 따라 은사를 주시는데 그 은사는 각각 다릅니다. 섬기는 은사, 가르치는 은사, 위로의 은사, 구제의 은사, 다스리는 은사, 긍휼의 은사 등이 있습니다(롬 12:6-8).

바울은 더욱 큰 은사를 사모하라고 하면서 사랑을 말합니다. '내게 방언이나 예언이나 믿음의 은사나 구제의 은사가 있을지라도 사랑이 없으면 내가 아무것도 아니고 내게 아무 유익이 없습니다. 사랑은 언제까지나 떨어지지 아니하되 예언도 폐하고 방언도 그치고 지식도 폐할 것입니다'(고전 13:1-8).

성령의 은사는 그리스도인들을 섬기고 유익하게 하는 하나님의 능력입니다. 다시 말하면, 성령의 은사에 따라 섬기면 나의 능력으로 하는 것이 아니라 하나님의 능력으로 하기 때문에 더 잘할 수 있고 그 열매도 좋습니다.


## 온전한 사람

우리가 다 하나님의 아들을 믿는 것과 아는 일에 하나가 되어
온전한 사람을 이루어 그리스도의 장성한 분량이 충만한 데까지
이르리니… 오직 사랑 안에서 참된 것을 하여 범사에 그에게까지
자랄지라 그는 머리니 곧 그리스도라 엡 4:13, 15


그리스도인은 온전한 사람입니다. '온전한'이라는 단어는 '성
숙한, 충분히 성장한'이라는 뜻을 갖고 있습니다. 따라서 '온전
한 사람'은 그 성품이 참으로 성숙해서 그리스도의 완전함과 충
만함의 높이에까지 성장한 사람을 말합니다. 쉽게 말하면 온전
한 사람은 그리스도를 닮은 사람, '작은 예수' 같은 사람이지요.
이는 거듭난 사람의 삶의 목표라 할 수 있습니다. 우리가 사랑
안에서 진리를 말하고 실천하면 온전한 사람으로 자라 갑니다.
어린아이가 자라는 데는 부모님의 사랑의 보살핌이 필요하고
또 시간이 지나야 합니다. 우리의 영적 성장도 하나님 아버지의
사랑과 함께 오랜 시간이 필요합니다. 우리는 예수님 앞에 서는
날까지 자라 가야 합니다.

존 스토트(John Stott)는 그의 저서 《온전한 그리스도인》에서 다음과 같이 말합니다.

"온전한 그리스도인이란 예수 그리스도께 전적으로 헌신하는 사람을 의미한다. 그의 헌신은 부분적이지 않고 전체적이다. 온전한 그리스도인은 주일에는 그리스도인으로 살고, 평일에는 비그리스도인으로 사는 사람이 아니다. 집에서는 그리스도인이고, 직장에서는 비그리스도인인 사람도 아니다. 온전한 그리스도인이란 언제 어디서나 예수 그리스도께 전적으로 헌신하는 사람이다. 이러한 사람의 삶은 개인적으로나 직업적으로, 사적인 영역이나 공적인 영역에서 그리고 가정이나 사회에서 온통 번제물로 하나님께 바쳐진 삶이다."[04]

온전한 그리스도인의 성품과 관련해서 존 스토트는 온전함(integrity)을 강조합니다. 온전함은 개인의 삶이 여러 부분으로 나뉘지 않고 전체가 조화롭게 하나로 통합된 상태를 의미합니다. 인격의 온전함의 기초는 그리스도가 나의 주 나의 하나님이심을 인정하는 것입니다(빌 2:9-11, 고전 12:3, 롬 10:9-10). 그리고 우리의 지성과 감정과 의지를 그리스도의 주권적인 사랑의 통치에 복종시키는 것이 온전함에 이르는 길입니다.

어떻게 우리는 예수님의 사랑의 통치에 자신을 온전히 복종시킬 수 있을까요? 결론을 먼저 말하자면 사람으로서는 불가능합니다.

내 속사람으로는 하나님의 법을 즐거워하되 내 지체 속에서 한 다른 법이 내 마음의 법과 싸워 내 지체 속에 있는 죄의 법으로 나를 사로잡는 것을 보는도다 오호라 나는 곤고한 사람이로다 이 사망의 몸에서 누가 나를 건져 내랴 롬 7:22-24

바울은 자기 지체 속에 있는 죄의 법이 자기를 사로잡는 것을 슬퍼하며, 자신으로서는 사망의 몸에서 스스로 건져 낼 수 없다고 고백합니다. 바울의 고백은 모든 사람의 모습을 적나라하게 보여 줍니다. 이를 인정한다면 누가 나를 사망의 몸에서 건져 낼 수 있을까요? 성경은 다음과 같이 말씀합니다.

그리스도 예수 안에 있는 생명의 성령의 법이 죄와 사망의 법에서 너를 해방하였음이라… 그러므로 형제들아 우리가 빚진 자로되 육신에게 져서 육신대로 살 것이 아니니라 너희가 육신대로 살면 반드시 죽을 것이로되 영으로써 몸의 행실을 죽이면 살리니 무릇 하나님의 영으로 인도함을 받는 사람은 곧 하나님의 아들이라 롬 8:2, 12-14

하나님의 영으로써 몸의 행실을 죽이고 성령으로 인도함을 받으면 예수님의 통치에 자신을 복종시킬 수 있습니다. 이때 두 가지가 필요합니다.

먼저, 몸의 행실을 죽여야 합니다. 바울은 "그리스도 예수의 사람들은 육체와 함께 그 정욕과 탐심을 십자가에 못 박았느니라"(갈 5:24)고 말합니다. 이는 "아무든지 나를 따라오려거든 자기를 부인하고 날마다 제 십자가를 지고 나를 따를 것이니라"(눅 9:23)는 예수님의 말씀에 기초하고 있습니다. 실제로 우리는 날마다 순간마다 우리의 육체와 정욕과 탐심을 십자가에 못 박아야 합니다.

우리가 스스로 자신을 '십자가에 못 박는다'는 것은 우리의 옛사람(육체, 정욕, 탐심)이 십자가에 못 박힐 수밖에 없는 흉악한 죄인 같은 존재임을 인정하는 것입니다. 또한 엄청난 고통을 받아들이고 그리스도의 고난에 참여하겠다는 사랑의 고백이며 다시는 옛사람으로 돌아가지 않겠다는 의지적 결단을 의미합니다.

예수님 당시 십자가형은 완전히 죽을 때까지 결코 내려올 수 없는 사형 집행 방법이었습니다. 그리스도인은 스스로 자기 십자가를 짊어지고 사형장까지 걸어가야 하고 또한 그 끔찍한 십자가형이 집행되는 골고다에서 처절한 고통과 인내의 시간을 견디어야 합니다.₀₅

둘째로, 그리스도인이 성령의 인도하심을 받아야 합니다. 무슨 뜻인가요? '인도한다'는 동사는 양 떼를 이끄는 목자나, 죄수들을 호송하는 군사들이나, 또는 예수님이 광야에서 마귀에게 시험받는 동안에 그리스도를 이끄시는 성령을 묘사할 때 사용되었습니다. 이끄시는 분은 성령이시므로 이때 그리스도인은 수동적으로 그냥 성령의 인도를 받아들이고 따르면 됩니다.

그러나 성령의 인도를 받아들이는 것만으로는 부족합니다. 우리는 능동적으로 성령을 따라 행해야 합니다(갈 5:16, 25). 우리 스스로가 능동적으로, 의지적으로 성령이 지시하는 길을 따라 또는 그 원리와 기준을 좇아 어긋나지 않게 똑바로 걸어야 합니다. 성령은 분명 우리를 인도하십니다. 그렇지만 우리가 성령을 좇아 행하지 않으면 안 됩니다. 하나님은 우리를 짐승처럼 이끄시지 않고 매우 인격적으로 인도하십니다.

이처럼 그리스도인이 성령의 인도하심에 순종하며 성령을 따라 행하면 우리는 점차 그리스도를 닮아 성숙한 그리스도인, 온전한 그리스도인이 되어 갈 것입니다. 따라서 온전한 그리스도인의 인격과 성품은 성령의 열매입니다. 성령의 열매는 온전한 그리스도인에게서 볼 수 있는 성품이며 동시에 온전한 인간으로 오신 예수 그리스도의 인격을 나타내는 표지입니다.

오직 성령의 열매는 사랑과 희락과 화평과 오래 참음과 자비와 양선과 충성과 온유와 절제니 이 같은 것을 금지할 법이 없느니라

갈 5:22-23

존 스토트는 성령의 아홉 가지 열매를 세 그룹으로 나누어 설명합니다.06 첫째로 사랑, 희락, 화평은 하나님과의 관계로 인해 생기는 성품을 말합니다. 왜냐하면 그리스도인의 사랑의 기초는 하나님이 우리를 먼저 사랑하셨기 때문이고, 그리스도인의 으뜸되는 희락은 하나님 안에서의 희락이며, 가장 깊은 화평은 하나님과의 화평이기 때문입니다.

둘째로 오래 참음, 자비, 양선은 사회적 성품으로서 그 방향이 인간을 향하고 있습니다. 오래 참음은 우리를 억압하거나 핍박하는 사람들에 대해 참고 견디는 것을 의미하고, 자비는 상대가 허물이 있어도 그를 버리지 않고 오히려 불쌍히 여기며 용서하고 그의 가치를 높여 주는 성품이며, 양선은 선과 악의 모호함 사이에서 선을 배양하며, 잘못을 지적하기보다 잘하는 것을 더 잘하도록 격려하는 성품을 말합니다.

셋째로 충성, 온유, 절제는 그 방향이 자기 자신을 향하고 있습니다. 충성은 내가 믿기로 작정한 그 사람을 끝까지 믿고 함께하는 성품이고, 온유는 예수님이 보여 주신 그 겸손하고 하나님께 복종하는 성품이며, 마지막으로 절제는 자신의 한계를 인정하고 그 한계를 벗어나지 않으려고 자기의 행동을 스스로 제약하며 다음 기회를 보는 성품입니다.

쿠제스와 포스너(James M. Kouzes & Barry Z. Posner)는 지난 30여 년간 전 세계 십만 명 이상의 사람들을 대상으로 '존경받는 리더의 성품'에 대한 설문 조사를 했습니다. 그 결과 60% 이상의 응답자들이 놀라우리만치 일관성 있게 응답하는 네 가지 특성을 발견했습니다. 그것들은 [표1]에서 나타난 바와 같이 정직(honest), 유능함(competent), 영감 부여(inspiring), 미래지향(forward-looking)입니다. 이 네 가지 특성 중에서도 정직은 사람들이 존경하고 싶은 리더의 자질 중에서 30년간 변함없이 가장 중요한 첫 번째 성품으로 꼽혔습니다.[07]

정직은 사람의 말과 행동이 일치하고 거짓말을 하지 않으며 도덕적으로 행동하는 성품을 의미합니다. 가치관, 도덕, 신념과 밀접한 관련이 있습니다. 표를 보면 약 85%에 달하는 응답자들이 정직한 리더를 원한다는 걸 알 수 있습니다. 그들은 리더가 믿음직하고, 도덕적이며, 원칙을 지키는 사람이기를 바랍니다. 왜냐하면 리더의 정직성 여부에 따라 그를 따르는 사람들의 명예가 달려 있기 때문입니다. 만일 우리가 부정직한 리더를 자발적으로 따른다면 우리의 명예도 더럽혀지고 우리 자신의 성실성도 엉망이 될 것입니다. 리더가 정직성이 결여되어 있다면 사람들은 말과 행동이 다른 그를 신뢰할 수 없고 자발적으로 따를 수도 없습니다. 정직은 리더가 신뢰를 얻는 데 꼭 갖추어야 할 성품입니다.

1 성숙한 그리스도인이 되다

## [표1] 존경받는 리더의 특성

(단위: %)*

| 특성/연도 | 1987 | 1995 | 2002 | 2007 | 2012 | 2017 |
|---|---|---|---|---|---|---|
| 정직한 | 83 | 88 | 88 | 89 | 89 | 84 |
| 유능한 | 67 | 63 | 66 | 68 | 69 | 66 |
| 영감을 주는 | 58 | 68 | 65 | 69 | 69 | 66 |
| 미래지향적인 | 62 | 75 | 71 | 71 | 71 | 62 |
| 지적인 | 43 | 40 | 47 | 48 | 45 | 47 |
| 마음이 넓은 | 37 | 40 | 40 | 35 | 38 | 40 |
| 의지할 수 있는 | 33 | 32 | 33 | 34 | 35 | 39 |
| 도와주는 | 32 | 41 | 35 | 35 | 35 | 37 |
| 공정한 | 40 | 49 | 42 | 39 | 37 | 35 |
| 직선적인 | 34 | 33 | 34 | 36 | 32 | 32 |
| 협력적인 | 25 | 28 | 28 | 25 | 27 | 31 |
| 야심적인 | 21 | 13 | 17 | 16 | 21 | 28 |
| 보살피는 | 26 | 23 | 20 | 22 | 21 | 23 |
| 결단력이 있는 | 17 | 17 | 23 | 25 | 26 | 22 |
| 용기 있는 | 27 | 29 | 20 | 25 | 22 | 28 |
| 충성심이 강한 | 11 | 11 | 14 | 18 | 19 | 18 |
| 상상력이 풍부한 | 34 | 28 | 23 | 17 | 16 | 17 |
| 성숙한 | 23 | 13 | 21 | 5 | 14 | 17 |
| 자제력이 강한 | 13 | 5 | 8 | 10 | 11 | 10 |
| 독립적인 | 10 | 5 | 6 | 4 | 5 | 5 |

* 조사에서는 응답자에게 7가지를 선택하게 했기 때문에 전체를 합치면 100%를 초과한다.08

일터에서 그리스도인으로 사는 길

## 소명의 사람

그리스도인은 소명의 사람입니다. 신약성경에서 부르심(소명)은 구원과 거의 동의어로 사용됩니다. 하나님이 부르신 사람들은 미리 정하신 사람들이요, 후에는 의롭게 되고, 영화롭게 될 사람들입니다(롬 8:30). 또한 하나님은 사람들을 그리스도를 따르는 자, 즉 그리스도의 제자가 되라고 부르십니다. 그리고 하나님은 우리를 하나님 나라의 백성으로 부르십니다.

여기서 결코 잊지 말아야 할 사실은 우리가 먼저 하나님을 택한 것이 아니라 하나님이 먼저 우리를 지명하여 부르셨다는 것입니다(사 43:1, 요일 4:10). 그러므로 부르심은 전적으로 하나님의 은혜이지 나의 공로가 될 수 없습니다. 그래서 바울은 '그러므로 주를 위해 갇힌 몸인 나는 여러분에게 권면합니다. 여러분은 부르심을 받았으니, 그 부르심에 합당하게 사십시오'라고 권면했습니다(엡 4:1).

부르심이란 오스 기니스(Os Guinness)에 의하면 하나님이 우리를 그분께로 부르셨기에 우리의 존재 전체, 우리의 행위 전체, 우리의 소유 전체가 특별한 헌신과 역동성으로 그분의 소환에 응답하는 것입니다.09 즉 소명은 하나님의 소환에 응답하여 자신을 온전히 헌신하는 것입니다. 이제 부르심에 합당한 삶, 하나님이 기뻐하시는 헌신에 관해서 세 가지 부르심을 생각해 보겠습니다.

첫째, 그리스도인은 '존재적 부르심'(Call to be)에 합당하게 살아야 합니다. 존재적 부르심에 헌신하는 길은 우리가 '그리스도의 형상을 본받는 것'입니다(롬 8:28-30). 하나님은 그 아들의 형상을 본받게 하시려고 우리를 부르시고 의롭다 하시며 또한 영화롭게 하십니다. 또한, 우리를 하나님의 아들로 부르셨습니다. 바울은 '어린아이로 머물지 말라, 온전한 사람이 되라, 그리스도의 장성한 분량에 이르라, 그리스도에게까지 성장하라'고 권면합니다(엡 4:13-15). 본 회퍼의 말을 빌리자면, 하나님은 우리를 '작은 그리스도'가 되라고 부르십니다.

청년들은 흔히 인생의 목적을 정할 때 '무엇이 되느냐'(Becoming)에 집중합니다. 어떠한 직업군을 가지고, 어떠한 직책을 지니는 것, 연봉 얼마를 받는 것을 목표로 삼곤 하지요. 하지만 '무엇이 되는 것'보다 중요한 것은 '누가 되느냐'(Being)입니다. 우리 인생의 분명한 목적은 예수님의 인격과 행동과 생애를 닮는 것입니다. 알기 쉽게 말하자면 작은 예수가 되는 것입니다.

너희 안에 이 마음을 품으라 곧 그리스도 예수의 마음이니 그는 근본 하나님의 본체시나 하나님과 동등됨을 취할 것으로 여기지 아니하시고 오히려 자기를 비워 종의 형체를 가지사 사람들과 같이 되셨고 사람의 모양으로 나타나사 자기를 낮추시고 죽기까지 복종하셨으니 곧 십자가에 죽으심이라 빌 2:5-8

둘째, 그리스도인은 '행위적 부르심'(Call to do)에 합당하게 살아야 합니다. 행위적 부르심에 헌신하는 길은 우리의 모든 행위가 '하나님께 영광을 나타내는 것'입니다(고전 10:31, 요 17:4). 영광이란 언어적 의미는 신령스럽고 성스러운 빛이지만 성경에서는 하나님의 존재, 본성, 현존을 의미합니다. 하나님의 영광은 예수 그리스도의 탄생, 부활과 승천 가운데 나타났으며(요 1:14, 행 3:13), 그리스도의 재림에서 완전하게 계시될 것입니다(막 8:38).

그리스도는 이 땅에서 십자가를 통해 영광을 나타내셨지만 결코 자기 영광을 구하지 않으셨고, 오직 하나님을 영화롭게 하셨습니다(요 7:18, 17:1). 또한 그리스도는 하나님 아버지께서 맡기신 일을 이루어 아버지를 영화롭게 하셨습니다(요 17:4-5).

바울은 이렇게 고백합니다. "내가 달려갈 길과 주 예수께 받은 사명 곧 하나님의 은혜의 복음을 증언하는 일을 마치려 함에는 나의 생명조차 조금도 귀한 것으로 여기지 아니하노라"(행 20:24). 바울에게는 달려갈 길과 사명이 분명했기에 거기에 목숨을 걸었습니다.

그럼 우리는 어떻게 하나님께 영광을 돌릴 수 있을까요? 하나님이 우리 각 사람에게 하라고 주신 일, 즉 소명을 이루는 것이 하나님께 영광을 돌리는 것이라고 생각합니다.

셋째, 그리스도인은 '소유적 부르심'(Call to belong)에 합당하게 살아야 합니다. 소유적 부르심에 헌신하는 길은 우리가 '하나님의 소유된 백성임을 인정하는 것'입니다. 사도 베드로는 우리에게 너희는 택하신 족속이요 왕 같은 제사장들이요 거룩한 나라요 그의 소유가 된 백성이라고 선포합니다(벧전 2:9).

그리스도인이라는 말의 의미도 '그리스도의 사람' 즉 그리스도에게 소유된 사람이라는 뜻입니다. 이 말 속에는 우리를 향한 하나님의 크신 사랑과 희생이 내포되어 있습니다. 하나님은 우리를 너무나 사랑하셔서 그 아들의 죽음을 대가로 우리를 사시고 우리의 죄를 대속하셨습니다.

따라서 그리스도인은 하나님께 속한 사람이고 하나님 나라의 백성이며, 이 세상에 살지만 이 세상에 속한 사람이 아니라는 것을 잊지 말아야 합니다(요 17:16). 사도 바울의 권면을 깊이 마음에 새기기 바랍니다.

> 너희는 너희 자신의 것이 아니라 값으로 산 것이 되었으니 그런즉 너희 몸으로 하나님께 영광을 돌리라  고전 6:19-20
>
> 그러므로 형제들아 내가 하나님의 모든 자비하심으로 너희를 권하노니 너희 몸을 하나님이 기뻐하시는 거룩한 산 제물로 드리라 이는 너희가 드릴 영적 예배니라  롬 12:1

**1.** 거듭남(중생)이란 무엇인가요? 어떻게 거듭날 수 있을까요? 성경은 거듭나야 천국에 들어간다고 말씀합니다. 회개, 죄 사함, 거듭남, 영생, 구원, 천국에 관해서 말씀을 토대로 정리해 보십시오.

_____

_____

_____

**2.** 온전한 사람(엡 4:13)이란 누구를 말할까요? 어떻게 온전한 사람이 될 수 있을까요? 성령의 열매와 온전한 사람의 대표적인 성품을 적어 보고 둘 사이의 관계를 생각해 보십시오.

_____

_____

_____

**3.** 소명이란 무엇입니까? 어떻게 나의 소명을 알 수 있을까요? 소명에 합당한 삶을 살기 위해 나의 신조 또는 사명선언문을 글로 작성해 보십시오.

_____

_____

### 일터학교: 일터 선교사를 양성하다

일터에서 그리스도인은 누구인가? 일터에서 어떻게 일할 것인가? 바람직한 대인관계와 리더십은 무엇인가? 일터에서 하나님 나라와 의를 먼저 구할 수 있는가? 이런 질문들에 대해 함께 토론하고 학습하는 '일터학교'가 많은 교회에서 다양한 이름으로 퍼져가며 일터 선교사를 양성하고 있습니다.

용산구에 소재한 충신교회는 '일터에 하나님 나라를 임하게 하라'는 담임목사의 목회철학을 따라 2017년 평신도 일터 사역자 훈련과정인 '일과영성학교 1기'를 시작했습니다. 전체 커리큘럼은 1년 과정으로 2학기로 나누어서 상반기 8주, 하반기 8주, 여름 세미나 과정으로 진행하고 있습니다.

일터를 중심으로 생활하는 성도들에게 술과 회식 문화, 대인갈등, 승진, 만연된 부조리, 인간관계와 같은 것들은 피할 수 없는 실제적인 고민입니다. '일과영성학교'에서는 일, 돈, 성공, 윤리, 관계, 갈등 해소 등 6개 분야를 통해 성도들이 고민하는 일터의 상황들에 대해 성경적으로 접근합니다. 그리고 주제와 관련된 나눔을 갖고, 거기에 머무르는 것이 아니라 삶의 자리에서 실천할 수 있도록 결단하는 과정을 갖습니다.

'일과영성학교'의 1년 과정을 수료하면 일터사역팀의 멤버가 되어 지속적으로 만남을 갖게 됩니다. 매월 정해진 주제와 관련해서 배움을 갖고 그리스도인으로서 일터에서 겪은 이야기를 서로 나누고 조언도 하며 기도해 줍니다.

'일과영성학교'에는 각기 다른 일터에서 하나님 나라가 임하기를 사모하는 성도들의 이야기와 간증이 가득합니다. 한 성도는 회사 대표가 불법적으로 회사를 운영하고 재정적으로도 비리를 저지른 사실을 알고 고민하다가 팀원들과 나누게 되었고 서로 중보하는 중에 용기를 내어 대표에게 자신의 소신을 밝힐 수 있었습니다. 반면에 CEO로서 남을 속이지 않고 정직하게 회사를 경영하다가 큰 불이익을 당했지만 하나님이 갑절로 회복시켜 주셨다는 간증도 있습니다. 주부라는 역할이 하나님이 가정을 돌보라고 주신 소명의 자리라는 걸 깨닫고 엄마로서 삶이 변화되었다는 성도도 있습니다.

'일과영성학교'를 수료한 성도들은 회사 책상 위 가장 잘 보이는 곳에 동판으로 새겨진 비전사명 선언문을 세워 두고 아침에 출근하면 자신의 사명을 선포하고 기도로 예배하며 하루를 시작합니다.

"주님, 제가 일터의 그리스도인입니다."

"나는 하나님의 연주자입니다."

"나는 주님과 동행하는 그리스도인입니다."

"오늘도 저의 일터가 거룩하게 하시고, 하나님께 쓰임 받는 그리스도인이 되게 하옵소서."

이렇듯 '일과영성학교'에서 성도들은 함께 울고 함께 기뻐하면서 일터와 삶이 변화되는 것을 경험하고 있습니다.

온누리교회도 '일터에 하나님 나라를 세우자'라는 비전을 선포하고 '일.하.세'라는 일터학교를 운영하고 있습니다. 모든 성도가 개인적으로는 일터에서 성령의 인도하심에 순종하는 삶을 지향하고, 교회적으로는 일터 속에서 같은 고민을 하는 성도 간의 교제 공동체를 이루며, 세상에서는 하나님 나라를 세워 가도록 '성령 운동, 성도 운동, 실천 운동'의 세 가지 방향으로 사역하고 있습니다.

먼저 일터의 영성 회복을 위해 매주 토요일 오전에 굼(GUM) 예배를 드리는데, GUM은 'Get Up in the Marketplace'의 약자로 성도가 일터에서 일어나자는 의미입니다. '말씀 속으로, 시리즈 특강, 문화 속으로, 일터 속으로'라는 주제로 설교와 강해, 강의 형식으로 예배를 드리고 있습니다.

둘째로 일터의 복음화를 위해 '일.하.세 아카데미'를 운영하고 있습니다. 아카데미는 일터에서 하나님의 성도로 살아갈 수 있는 능력을 가진 성도들로 훈련시키기 위해 총 7개의 강의(일과 예배, 그리스도인의 직업관, 문화관, 성공관, 재물관, 대인관계, 일터에서의 신앙훈련)와 간증, 그리고 조별 토론과 나눔, 조별 활동 등으로 구성되어 있습니다. 연간 4~6회 4주간 진행하는 아카데미는 개강 강의를 제외하고는 성도가 중심이 되어 강의하고 토론하며 나눔을 갖습니다.

셋째로 청년들이 기독교 기업 정신과 사회 선교적 아이디어로 창업할 수 있도록 청년벤처 창업대회 '어!벤처스'를 진행하고 있습니다. 이 사업은 그리스도인 청년들에게 국내외 사회문제에 대해 혁신적이고 성경적인 비즈니스 모델을 제시하고 실질적 사업으로 이루어 갈 수 있도록 재정적 후원과 기업체 설립 및 운영에 대한 전문가들의 멘토링 서비스를 제공하고 있습니다.

 교회마다 일터학교를 세워 성도들을 온전하게 준비시켜서 일터로 보낸다면, 성도들이 일터에서 하나님 나라와 의를 먼저 구한다면, 세상은 어떻게 변할 것인가를 상상해 봅니다. 한국 교회와 사회의 영적 부흥이 일터학교에서 시작되기를 소망합니다.[10]

# 2 〰〰〰〰

## 예수님께 리더십을 배우다

◇ 　　마가복음 10장 45절

인자가 온 것은 섬김을 받으려 함이 아니라 도리어 섬기려
하고 자기 목숨을 많은 사람의 대속물로 주려 함이니라

meeting

거듭난 그리스도인은 어린아이와 같습니다. 어린아이가 시간이 지남에 따라 어른으로 자라는 것처럼 거듭난 그리스도인은 그리스도에게까지 성장해야 합니다. 성장하지 않으면 비정상이라 하겠지요. 그럼 어떻게 해야 영적으로 성숙한 그리스도인이 될 수 있을까요?

마치 갓난아기가 엄마 품에서 젖을 먹고 성장하듯이, 그리스도인은 그리스도의 사랑 안에 거하며 그리스도의 말씀에 순종하고 그를 따라가며 그분의 생애를 본받으며 성장합니다. 그런데 우리는 순종하며 그분을 본받기가 너무나 힘듭니다. 그렇기에 그리스도가 자신을 어떻게 다스리며 하나님 아버지의 뜻에 순종했는지를 우리는 배워야 합니다. 그리스도가 지신 십자가를 올바로 알고 우리도 그 십자가를 지고 골고다를 향해 걸어가야 합니다. 예수님이 제자들을 끝까지 사랑하시고, 왜 성령을 받게 하셨는지를 알아야 합니다. 그리고 그리스도가 목숨을 걸고 전하신 하나님 나라의 복음을 우리도 전해야 합니다. 이를 위해 예수님께 리더십을 배우십시오. 리더십은 쉽게 말해 영향력 과정입니다.

예수님의 리더십은 개인 차원의 셀프 리더십, 관계 차원의 십자가 리더십, 조직 차원의 공동체 리더십, 사회 차원의 하나님 나라 리더십으로 구분해 볼 수 있습니다.

# 셀프 리더십

셀프 리더십은 리더 개인에 초점을 맞추며 리더가 자기 자신을 이끄는 영향력 과정을 말합니다. 사람이 자기 자신을 이끄는 것은 매우 어려운 일입니다. 자기를 이끌려면 먼저 자기가 누구인지를 알아야 하고, 자신이 왜 존재하는지, 어디로 이끌어 갈 것인지를 알아야 하기 때문입니다. 또한 평생에 걸쳐 해야 하는 과제이기 때문에 어렵습니다.

이렇게 어려운 평생의 과제를 해결하는 최고의 길은 예수 그리스도에게 있습니다. 예수님은 어디에서 와서 어디로 가는지를 확실히 알고 사셨습니다. 또한 내가 곧 길이요, 진리요, 생명이라고 말씀하셨습니다(요 14:4-6). 예수님의 셀프 리더십의 핵심은 예수님의 자기 인식, 사명의식, 팔로워십(followership)에 있습니다. 이를 차례대로 살펴보겠습니다.[11]

## 자기 인식

자기 자신을 이끄는 첫걸음은 스스로를 아는 것입니다. 리더십 학자들은 생애의 중대 사건은 리더가 자기 인식을 하는 데 결정적 계기를 가져오고 리더의 삶을 변화시키는 촉매제 역할을 하며 그 개인의 성장을 촉진해 보다 강력한 리더가 되는 데 도움을 준다고 말합니다.[12]

예수님도 공적 활동을 시작하시기 전에 분명한 자기 인식을 하는 중대 사건이 있었습니다. 예수님이 세례를 받고 물에서 올라오실 때 하늘이 열리며 성령이 임하시고 하늘의 소리를 들으신 것입니다.

너는 내 사랑하는 아들이라 내가 너를 기뻐하노라 막1:11, 마3:17, 눅3:22

세례 사건은 예수님이 '나는 하나님의 아들이다. 아버지는 나를 기뻐한다'라는 분명한 자기 인식을 하는 계기가 되었습니다. 또한 삼위일체 하나님이 함께 만나는 시간이었습니다. 예수님의 자기 인식은 요한복음에 기록된 '나는 ~이다'의 예수님의 말씀을 통해서도 알 수 있습니다.

나는 생명의 빵이다 요6:35, 48, 51

나는 세상의 빛이다 요8:12

나는 문이다 요10:9

나는 선한 목자다 요10:11

나는 부활이요 생명이다 요11:25

나는 길이요 진리요 생명이다 요14:6

나는 참 포도나무다 요15:1

우리는 어떻게 나를 알 수 있을까요? 모세는 자기 자신을 알기까지 광야에서 40년을 보냈습니다. 그것도 하나님이 모세에게 자신을 나타내셨기에 가능했습니다. 예수님과 모세의 자기 인식 사건을 통해서 한 가지 알 수 있는 것은 자기 인식은 초월적 존재인 하나님을 만날 때 가능하다는 사실입니다.

그렇다면 어떻게 사람이 초월적 존재인 하나님을 만날 수 있을까요? 오늘날도 어떤 사람이든 길이요 진리요 생명이신 예수를 그리스도로 믿고 성령으로 거듭나면 하나님 아버지를 만나게 됩니다. 사람은 삼위일체 하나님 안에 있으면 비로소 자신이 누구인지를 알게 됩니다. 그리고 그 사람은 생명이신 그리스도 안에 거하며 그리스도와 함께 살 수 있습니다. 그리스도 안에서 자기를 새롭게 인식하며 작은 예수가 되어 가는 사람이 곧 그리스도인입니다.

## ■ 사명 의식

사명이란 보낸 사람이 맡긴 임무를 의미합니다. 바꾸어 말하자면 보냄 받은 자에게 주어진 임무를 뜻합니다. 예수님은 아버지가 자기를 보내셨고, 보내신 이의 뜻, 즉 자기의 임무가 있다고 말씀하셨습니다(마 10:40, 15:24, 눅 4:18-19, 요 3:34, 4:34, 5:24, 6:39, 6:44 외 다수). 예수님은 사명 의식 속에서 사셨고 그 사명을 온전히 이루셨습니다.

주의 성령이 내게 임하셨으니 이는 가난한 자에게 복음을 전하게
하시려고 내게 기름을 부으시고 나를 보내사 포로 된 자에게 자유를,
눈먼 자에게 다시 보게 함을 전파하며 눌린 자를 자유롭게 하고 주의
은혜의 해를 전파하게 하려 하심이라 눅 4:18-19
예수께서 이르시되 나의 양식은 나를 보내신 이의 뜻을 행하며 그의
일을 온전히 이루는 이것이니라 요 4:34
아버지께서 내게 하라고 주신 일을 내가 이루어 아버지를 이
세상에서 영화롭게 하였사오니 요 17:4


사명을 이루려면 그 일에 목숨을 거는 것이 중요합니다. 우
리 주님은 하나님 아버지가 주신 사명을 위해 십자가에서 죽으
셨습니다.

바울의 사명 의식은 많은 리더들에게 본이 된다고 생각합니
다. 바울은 이방인을 위한 복음의 제사장으로서 "하나님의 은혜
의 복음을 증언하는 일을 마치려 함에는 나의 생명조차 조금도
귀한 것으로 여기지 아니"(행 20:24)하며 부활하신 예수 그리스
도를 증거했습니다.

그렇다면 그리스도인의 사명은 무엇일까요? 예수님은 제자
들에게 "나를 따라오라 내가 너희를 사람을 낚는 어부가 되게
하리라"고 말씀하셨습니다(마 4:19). 예수님이 제자를 부르신 뜻
은 제자들이 '사람을 낚는 어부'가 되는 것입니다. '사람을 낚는

어부가 되라'(마 4:19) '내 어린 양을 먹이라'(요 21:15) '가서 제자 삼으라'(마 28:19)는 말씀은 모두 사람을 얻으라는 뜻입니다. 또한 제자가 일하는 목적은 단순히 고기를 잡는 어부가 아니라 사람을 낚는 어부가 되기 위함이라는 뜻입니다. 동일한 어부이지만 제자는 단순히 고기를 잡기 위해 일하는 것이 아니라 사람을 얻기 위해 일하는 것입니다.

이렇게 생각해 보면 예수를 따른다는 것은 무엇보다 목적을 바꾸는 것을 의미합니다. 고기에서 사람으로 목적이 바뀌는 것입니다. 우리가 일하는 목적도 결국 사람을 얻는 것이어야 합니다. 나는 왜 사는가, 왜 일하나, 사람을 얻고 있나, 아니면 고기를 잡고 있나, 스스로에게 질문해 보기 바랍니다.

### ▬ 팔로워십(followership)

예수님은 하나님의 뜻에 온전히 순종하시는 '팔로워'(follower)로 사셨습니다. 예수님은 하나님과 본체시나 그와 동등됨을 취하지 아니하고 오히려 자기를 낮추시고 죽기까지 아버지의 뜻에 복종하셨습니다(빌 2:6-8). 생애의 마지막 시간, 십자가의 죽음이라는 잔을 앞에 두고도 겟세마네 동산에서 "내 아버지여 만일 할 만하시거든 이 잔을 내게서 지나가게 하옵소서 그러나 나의 원대로 마시옵고 아버지의 원대로 하옵소서"라고 기도하셨습니다(마 26:39). 우리 주님은 늘 기도로 아버지의 뜻을 묻고 그 뜻에 온전히 순종하셨습니다.

예수님의 제자는 예수님을 따르는 사람입니다. 어떻게 따를 것인지 예수님의 말씀을 들어 보겠습니다.

아무든지 나를 따라오려거든 자기를 부인하고 날마다 제 십자가를 지고 나를 따를 것이니라 눅 9:23

자기를 부인한다는 것은 자기 욕심을 버리는 것을 의미합니다. 욕심을 따라 살다 보면 죄를 짓게 되고 죄는 자라서 죽음을 낳는다고 성경은 말합니다(약 1:15). 우리가 욕심을 다스리지 않으면 욕심이 우리를 다스리게 되고 결국 자기를 잃든지 빼앗기게 되지요. 그러므로 우리는 욕심을 다스려야 합니다. 육체의 욕심을 따라 살지 않는 길은 성령을 따라 행하는 것입니다.

내가 이르노니 너희는 성령을 따라 행하라 그리하면 육체의 욕심을 이루지 아니하리라 육체의 소욕은 성령을 거스르고 성령은 육체를 거스르나니 이 둘이 서로 대적함으로 너희가 원하는 것을 하지 못하게 하려 함이니라 너희가 만일 성령의 인도하시는 바가 되면 율법 아래에 있지 아니하리라… 그리스도 예수의 사람들은 육체와 함께 그 정욕과 탐심을 십자가에 못 박았느니라 갈 5:16-24

다음으로, 제자는 자기 십자가를 져야 합니다. 십자가를 진다는 것은 예수 그리스도처럼 하나님이 하라고 하신 일, 즉 사명을 위해 죽기까지 헌신하는 것입니다. 바울은 이방인에게 복음을 전하는 일에 목숨을 걸었습니다. 제자는 자기에게 부여된 사명의 십자가를 지고 골고다를 향해 가는 사람입니다. 예수님이 제자를 부르실 때 하신 "나를 따라오라"는 말씀은 골고다까지, 즉 죽음의 자리까지 따라오라는 뜻이 아니겠습니까. 그렇다면 내가 죽어야 할 곳 나의 골고다는 어디일까요? 그곳을 향해 자기 십자가를 지고 한 걸음 한 걸음 걸어가는 제자들의 모습을 그려 봅니다.

## 십자가 리더십

그는 근본 하나님의 본체시나 하나님과 동등됨을 취할 것으로 여기지 아니하시고 오히려 자기를 비워 종의 형체를 가지사 사람들과 같이 되셨고 사람의 모양으로 나타나사 자기를 낮추시고 죽기까지 복종하셨으니 곧 십자가에 죽으심이라 빌 2:6-8

예수님은 십자가에서 죽으심으로 하나님의 뜻을 다 이루셨습니다. 자기 목숨을 많은 사람의 대속물로 주기 위해서 사람의 모양으로 오셨고, 거룩하신 하나님이 종의 형체를 가지고 자기를 낮추시며 죽기까지 복종하셨습니다.

이러므로 하나님이 그를 지극히 높여 모든 이름 위에 뛰어난 이름을 주사 하늘에 있는 자들과 땅에 있는 자들과 땅 아래에 있는 자들로 모든 무릎을 예수의 이름에 꿇게 하시고 모든 입으로 예수 그리스도를 주라 시인하여 하나님 아버지께 영광을 돌리게 하셨느니라 빌 2:9-11

이런 능력과 영향력은 예수님의 십자가에 있기에 이를 십자가 리더십이라고 부르려 합니다. 십자가 리더십을 성육신 모델, 종의 모델, 대속 모델로 나누어 묵상해 보겠습니다.

## ▪ 성육신 모델

성육신이란 창조주 하나님이 우리와 같은 육체를 가지고 사람으로 태어나셨다는 뜻입니다. 예수님의 성육신은 참으로 위대한 섬김의 모델입니다.

하나님이 스스로 자기의 자리(position)를 떠나 가장 높은 자리에서 가장 낮은 자리로 찾아오셨습니다. 하나님이기를 포기하고 사람이 되기로 하셨고 태어나실 때도 집이 아니라 마구간에서 나셨습니다. 보통 사람들은 자리가 권력이기에 이것이 리더십이라고 오해하기 쉽습니다. 그러나 예수님은 자기 자리, 기득권을 포기함으로써 인류 역사상 가장 많은 팔로워들을 얻으셨습니다. 참으로 역설적이지요.

또한 예수님은 이 땅에 찾아오셨습니다. 하나님의 먼저 찾아오심, 이 얼마나 큰 사랑인가 감동하지 않을 수 없습니다. 내가 먼저 하나님을 사랑한 것이 아니라 하나님이 먼저 나를 사랑하신 것입니다. 진정한 섬김은 자기 자리를 떠나 먼저 찾아가는 것이고 그들과 똑같이 되는 것입니다. 거기서 진정한 섬김이 시작됩니다. 거룩하신 하나님은 우리와 똑같은 사람이 되셨습니다.

하나님이 육체를 가진 사람이 되셨기에 예수님도 우리처럼 인간적인 한계를 경험하셨습니다. 예를 들면, 먹지 않으면 배고프고, 일을 많이 하면 피곤하고, 때가 되면 졸린 것과 같은 육체적 한계를 가지셨고, 모든 희로애락의 감정을 가지고 계셨습니다. 우리와 같은 참 사람으로 오신 것입니다.

그러나 그분은 죄가 없으셨습니다. 그래서 우리 주님은 우리의 모든 약함을 아시고 우리를 동정하십니다(히 4:15). 그러므로 우리는 담대하게 하나님 아버지 앞에 나갈 수 있습니다.

## ■ 종의 모델

예수님은 종이 되셨습니다. 잡히시기 하루 전날 밤, 최후의 유월절 만찬 자리에서 갑자기 식사를 멈추신 예수님은 일어나 수건을 허리에 두르시고 대야에 물을 떠서 제자들의 발을 씻기셨습니다(요 13:4-5). 당시 식사 자리에서 발을 씻기는 일은 노예의 몫이었는데도 예수님은 심지어 돈을 받고 자기를 팔아넘기려는 가룟인 유다의 발까지 씻어 주셨습니다.

그런데 누가복음의 저자는 다소 충격적인 장면을 바로 이어 기록합니다. 제자들 사이에서 누가 가장 크냐 하는 다툼이 났다는 것입니다(눅 22:24). 이런 다툼은 예수님이 예루살렘 입성 전 수난과 부활을 두 번째로 예고하신 다음에도 이미 한 차례 일어났습니다(막 9:33-34).

사실 우리도 제자들과 크게 다르지 않다는 것을 알고 있습니다. 높은 자리에 앉아 대접받고 싶은 것이 인간의 본능이기 때문입니다. 그러나 제자들의 발을 씻기신 뒤 주님이 하신 말씀을 꼭 기억해야 합니다.

내가 주와 또는 선생이 되어 너희 발을 씻었으니 너희도 서로 발을 씻어 주는 것이 옳으니라 내가 너희에게 행한 것같이 너희도 행하게 하려 하여 본을 보였노라 요 13:14-15

## ■ 대속 모델

　예수님은 대속 제물이 되셨습니다. 일반적으로 대속은 빚 또는 죗값을 대신 치르는 것을 말합니다. 성경에서 대속은 예수 그리스도가 십자가에서 죽음으로써 우리가 갚아야 할 죗값을 대신 치르셨다는 뜻입니다. 예수님은 염소와 송아지의 피로 하지 아니하고 오직 자기의 피로 영원한 속죄를 이루셨습니다(히 9:12). 우리의 죄를 대속하기 위해 예수님이 자신의 몸을 십자가에서 산 제물로 하나님께 드린 것입니다.

　예수님이 오신 것은 자기 목숨을 많은 사람의 대속물로 주려 함이었습니다(막 10:45). 예수님은 어디까지 섬기셨습니까? 주님이 십자가를 지기 위해 한 발 한 발 내딛으신 길은 바로 죽음을 향한 길이었습니다. 모르고 가신 것도 아니고 힘들지 않게 가신 것도 아니었습니다. 잡히시기 전 겟세마네에서 드린 기도는 예수님의 마음을 꾸밈없이 보여 주고 있습니다.


　내 마음이 매우 고민하여 죽게 되었으니 너희는 여기 머물러 나와 함께 깨어 있으라 하시고 조금 나아가사 얼굴을 땅에 대시고 엎드려 기도하여 이르시되 내 아버지여 만일 할 만하시거든 이 잔을 내게서 지나가게 하옵소서 그러나 나의 원대로 마시옵고 아버지의 원대로 하옵소서 마 26:38-39

예수님의 대속 모델은 섬김의 범위와 방법을 분명하게 보여줍니다. 이에 대해 바울은 성도들에게 다음과 같이 권면합니다.

> 그러므로 형제들아 내가 하나님의 모든 자비하심으로 너희를 권하노니 너희 몸을 하나님이 기뻐하시는 거룩한 산 제물로 드리라
>
> 롬 12:1

예수님이 자신을 희생 제물로 드렸으니 너희도 그처럼 하나님을 본받는 자가 되고 그리스도가 너희를 사랑하신 것같이 너희도 사랑 가운데서 행하라고 바울은 말하는 것입니다(엡 5:1-2). 십자가는 희생입니다. 십자가는 누군가를 대속하기 위해 값을 치르는 것입니다. 나의 가장 값진 보화를 팔아 누군가의 생명을 사는 것이 진정한 섬김입니다.

여러분은 지금 누구를 대속하고 싶습니까? 그를 위해 희생할 각오가 되어 있습니까? 지금 겟세마네로 가서 예수님의 기도를 해야 할 것입니다.

# 공동체 리더십

아버지여, 아버지께서 내 안에, 내가 아버지 안에 있는 것같이
그들도 다 하나가 되어 우리 안에 있게 하사 세상으로 아버지께서
나를 보내신 것을 믿게 하옵소서 요17:21


공동체란 특정한 사회적 공간에서 공통의 가치와 유사한 정
체성을 가진 사람들의 집단을 말합니다. 예수님은 제자들과 공
동체이셨습니다. 예수님과 제자들은 공통의 가치와 정체성을
가지고 하나의 집단을 이루고 있었습니다. 그래서 예수님은 제
자들에게 "내 안에 거하라 나도 너희 안에 거하리라"(요 15:4)고
말씀하셨습니다. 이밖에도 수많은 말씀들이 예수님은 제자들과
공동체이심을 보여 주고 있습니다.

예수님과 제자들의 공통적인 가치와 정체성을 여러 측면에
서 말할 수 있겠지만 두 가지만 강조하려고 합니다.

## ▪ 사랑의 공동체

첫째, 예수님과 제자들은 사랑의 공동체입니다. 예수님에게
배우는 공동체의 첫 번째 특징은 끝까지 함께하는 사랑입니다.
예수님은 "아버지께서 나를 사랑하신 것같이 나도 너희를 사랑
하였으니 나의 사랑 안에 거하라"(요 15:9)고 말씀하십니다. 그리

일터에서 그리스도인으로 사는 길

고 예수님은 유월절 전에 이 세상을 떠나 아버지께로 가실 때가 되었다는 것을 아시고도 세상에 있는 자기의 사람들을 끝까지 사랑하셨습니다(요 13:1).

잡히시기 전날 저녁에 예수님은 제자들과 함께 만찬을 나누며 제자들에게 사랑을 표현하십니다. 만찬 중에 예수님은 빵을 들어 감사기도를 드리신 후 그 빵을 떼어 제자들에게 내어 주면서 "받아서 먹으라 이것은 내 몸이다"(마 26:26)라고 말씀하셨습니다. 그리고 잔을 들어 감사기도를 드리신 후 제자들에게 주면서 "너희가 다 이것을 마시라 이것은 죄 사함을 얻게 하려고 많은 사람을 위하여 흘리는 바 나의 피 곧 언약의 피니라"(마 26:27-28)고 말씀하셨습니다.

성만찬은 예수 그리스도의 몸과 피를 제자들이 모두 함께 먹고 마시는 것입니다. 그러므로 성만찬은 예수님과 제자들이 생명을 나누는 공동체임을 나타냅니다. '누구든지 내 살을 먹고 내 피를 마시는 사람은 내 안에 있고 나도 그 안에 있다'고 예수님은 말씀하십니다(요 6:56).

예수님의 사랑은 끝까지 함께하는 사랑입니다. 예수님은 자신을 배신한 가룟 유다마저 끝까지 사랑하고 성만찬에 참여시키셨습니다.

예고하신 대로 예수님이 잡혀 대제사장의 집에 끌려가셨을 때 베드로는 집 뜰에까지 따라갔지만 모든 사람 앞에서 자신이 예수의 제자가 아니라고 세 번이나 부인했습니다. 베드로는 이 때문에 밖으로 나가서 심히 통곡했고 상심하여 고향으로 돌아갔습니다. 예수님은 부활 후 그런 베드로를 찾아오셔서 "요한의 아들 시몬아 네가 이 사람들보다 나를 더 사랑하느냐?"고 세 번이나 물으셨습니다. 베드로의 세 번 부인을 세 번 사랑 고백으로 바꿔 놓으시려는 의도였습니다.

예수님은 베드로의 고백을 통해 제자의 상한 마음을 치유하시고 무한한 신뢰를 나타내셨습니다. 그리고 베드로와 베드로와 함께 고향에 돌아온 제자들에게 "새 계명을 너희에게 주노니 서로 사랑하라 내가 너희를 사랑한 것같이 너희도 서로 사랑하라"(요 13:34)고 말씀하셨습니다.

## ▪ 성령의 공동체

예수님과 제자들은 성령의 공동체입니다. 성령은 그리스도의 영이시고, 그리스도는 제자들에게 성령을 보내 주셨습니다. 예수 그리스도의 탄생, 세례, 사역, 부활의 모든 사건에 성령이 역사하셨습니다. 예수님은 십자가 고난을 받기 전에 제자들에게 자신이 고난받고 죽을 것이지만 사흘 만에 부활할 것을 말씀하셨습니다. 이 때문에 제자들은 크게 근심했지요. 그런 제자들에게 예수님은 나와 똑같은 보혜사 곧 성령을 보내 주겠다고 약속하십니다.

내가 아버지께 구하겠으니 그가 또 다른 보혜사를 너희에게 주사 영원토록 너희와 함께 있게 하리니 그는 진리의 영이라 요 14:16-17
보혜사 곧 아버지께서 내 이름으로 보내실 성령 그가 너희에게 모든 것을 가르치고 내가 너희에게 말한 모든 것을 생각나게 하리라 요 14:26

예수님은 부활하신 후에도 제자들에게 다시 약속하셨습니다.

요한은 물로 세례를 베풀었으나 너희는 몇 날이 못 되어 성령으로 세례를 받으리라 행 1:5

마침내 오순절에 성령이 임하므로 한곳에 모여 있던 제자들이 모두 성령의 충만함을 받았습니다(행 2:1-4). 제자들은 예수 그리스도의 부활을 담대하게 전하게 되었고, 이때 성령은 권능으로 그들을 도우셨습니다.

성령은 부활하신 예수님의 현존으로, 신학자들은 제2의 예수라고도 말합니다. 성령은 예수님의 고난 이후 제자들과 그리스도를 하나되게 연결하셨습니다. 예수님과 제자들은 성령의 공동체인 것입니다. 제자들이 부활하신 예수 그리스도를 전할 때마다 성령은 여러 가지 표적으로 그리스도의 살아 계심을 확실히 증거하셨습니다. 오늘날도 성령은 예수 그리스도의 부활을 증거하는 부활의 영이십니다. 예수님은 성령으로 제자와 끝까지 함께하시며 권능을 주시고 증인으로 살게 하십니다.

오직 성령이 너희에게 임하시면 너희가 권능을 받고 예루살렘과 온 유대와 사마리아와 땅끝까지 이르러 내 증인이 되리라 행 1:8

## 하나님 나라 리더십

하나님 나라는 예수 그리스도 복음의 핵심이고, 부활 후 40일 동안 제자들을 가르치신 내용이며, 교회의 존재 목적입니다. 하나님 나라는 예수 그리스도와 함께 이미 이 땅에 임했습니다(마 12:28). 그러나 동시에 하나님 나라는 아직 완성되지 않았고 예수 그리스도의 재림 때에 완전히 이루어질 것입니다.

하나님 나라를 이해할 때 '이미 그러나 아직'(already but yet)의 시간성 측면에서 살펴보는 것이 도움이 됩니다. 학자들은 이미 임한 나라를 '현재적 하나님 나라', 장차 완성될 나라를 '미래적 하나님 나라'로 구분합니다. 예수 그리스도는 하나님 나라의 복음을 전하기 위해 오셨습니다. 그래서 유대인들에게 하나님 나라가 이미 왔다고 선포하셨지만 그들은 믿지 않았습니다. 로마의 속국으로 있는 이스라엘의 현실에서 예수님이 전하신 현재적 하나님 나라를 도저히 받아들일 수 없었던 것입니다.

한편, 하나님 나라는 장소에 제한을 받지 않습니다. 하나님은 어디나 계시기 때문입니다. 그러나 사람이 하나님 나라에 들어가려면 거듭나야 합니다. 거듭나지 않으면 하나님 나라에 들어갈 수 없고 또한 장차 하나님 나라를 볼 수도 없습니다(요 3:3, 5). 거듭나면 그 사람 안에서 하나님의 통치가 시작되고, 이를 통해 변화되어 새사람이 되며, 마침내 예수 그리스도의 형상을 회복하게 됩니다. 그리고 이렇게 변화된 그리스도인을 통해서 하나님 나라는 전파되고 확장됩니다. 또한 하나님의 통치는 우리 주위의 자연과 만물은 물론 정부와 회사, 가정과 학교 등 여러 기관들 속에서도 나타납니다.

예수 그리스도의 현재적 하나님 나라의 선포는 이 세상의 주권과 질서 및 가치를 하나님의 통치로 완전히 뒤바꾸는, 말 그대로 변혁이었습니다. 예수님이 고난을 받으신 후에 그를 따르던 제자들은 예루살렘에서 사마리아 그리고 온 유대와 땅끝까지 이르러 예수 그리스도의 십자가와 부활을 증거하며 하나님 나라를 전파했습니다(행 1:8, 28:31). 하나님 나라의 복음이 전파되는 곳마다 사람들은 거듭나고 영생을 얻고 구원을 받았지요. 그리고 그들은 세상 속에서 하나님 나라를 확장하며 세상을 변혁해 나갔습니다. 마침내 우리 민족에게도 약 250년 전에 하나님 나라의 복음이 전파되면서 엄청난 사회 변혁이 일어났습니다.

예수님은 마태복음 13장을 통하여 하나님 나라에 대한 위대한 진리를 비유로 가르쳐 주셨습니다. 이 비유를 통해 나타난 하나님 나라의 특징 다섯 가지를 함께 묵상해 보려고 합니다.

## ■ 실재하는 하나님 나라

첫째, 하나님 나라는 실재합니다. 그 나라는 볼 수 있고(막 9:1, 눅 9:27), 들어갈 수 있으며(마 7:21, 요 3:5), 상속받을 수 있습니다(마 25:34). 예수님은 "하나님의 나라는 너희 안에 있느니라"고 말씀하셨습니다(눅 17:21). 그러므로 하나님 나라의 실재는 그리스도가 나의 주인이 되어 나를 통치하시는 것에서 시작됩니다. 예수 그리스도가 우리 인생의 주인이 되실 때, 몇 가지 변화가 일어나는데, 그중 하나가 바로 하나님의 뜻과 그분이 내 인생을 위해 계획하신 일들을 알고 이해하고자 노력하게 되는 것입니다.

예수 그리스도를 삶의 주인으로 모시고 있습니까? 그렇다면 우리는 이미 하나님의 부르심(Calling)에 참여하고 있는 것입니다. 다만 하나님 나라의 실재를 날마다 인식하고, 내게 주어진 자리에서 그 부르심을 기억하며 살아가는 자와 그렇지 않은 자로 나뉠 뿐입니다.

## 세상 속으로 침투하는 하나님 나라

둘째, 하나님 나라는 세상 문화 속으로 침투하고 있습니다. 예수님은 하나님 나라가 누룩(효모)과 같다고 하셨습니다(마 13:33). 요리사는 빵을 반죽할 때 효모를 첨가합니다. 효모가 작용하는 것을 눈으로 볼 수는 없지만 효모는 밀가루 속으로 들어가 반죽을 부풀게 합니다. 이와 같이 그리스도인은 세상 속에 소금으로, 빛으로 침투해 들어가는 존재입니다.

하나님이 예수님을 세상에 보내신 것같이, 예수님은 제자들을 세상으로 보내십니다. 예수님이 우리를 세상으로부터 부르신 것(Calling)과 우리를 세상 속으로 보내신 것(Mission)은 분리될 수 없는 하나의 사실입니다. 하나님의 산 호렙에서 모세를 '부르신'(Calling) 하나님은 또한 모세를 이스라엘 백성들이 거하고 있는 애굽으로 보내셨습니다(Mission). 그리스도인으로 부름 받은 우리 또한 우리가 살아가는 삶의 현장으로 보냄 받은 자들입니다. 우리가 어디에 있건 모든 그리스도인은 빵 속의 효모와 같이 하나님 나라를 확장하는 선교사로서 세상 속으로 침투해 들어가야 합니다.

## 사탄의 공격을 받는 하나님 나라

셋째, 하나님 나라는 영적 반대 세력에 맞섭니다(마 13:25). 사탄은 자신의 제한된 힘을 다해 하나님 나라의 확장을 가로막기 위해 노력하고 있습니다. 하나님 나라의 성장을 방해하는 사탄의 세력은 실재하며, 결코 간과해서는 안 됩니다. 그리스도인들은 하나님의 전신갑주로 무장하고 사탄의 공격으로부터 자신을 보호해 달라고 기도해야 합니다.

다행인 것은 우리의 적들이 아무리 하나님 나라의 확장을 저지하려고 해도 성공할 수 없다는 사실입니다. 사탄이 전투를 이기는 듯 보여도 승리는 이미 우리의 것입니다. 예수님은 십자가에서 죽으시고 또한 부활하심으로 승리를 보증해 주셨습니다.

## ■ 최우선하는 가치, 하나님 나라

넷째, 하나님 나라는 위대한 가치를 가졌습니다. 하나님 나라는 이 세계의 그 어떤 것보다 위대하다는 사실을 잊어서는 안 됩니다. 예수님은 하나님 나라가 마치 밭에 감추인 보화와 같고(마 13:44), 극히 값진 진주와 같다(마 13:46)고 비유로 말씀하셨습니다. 하나님 나라가 현실이라는 것을 깨닫기만 한다면, 우리는 마치 보물(또는 진주)을 발견한 자와 같이 우리가 갖고 있는 모든 것을 팔아 새로운 보물을 얻기 위해 노력할 것입니다. 우리가 소유한 그 어떤 것도 하나님 나라와 견줄 수 없고, 생활 속에서 하나님 나라의 법과 통치를 경험하는 것보다 더 귀한 일은 없습니다. 그렇기에 우리 믿음의 선배들은 목숨을 다해 하나님 나라를 전했던 것입니다.

## ■ 확장하는 하나님 나라

다섯째, 하나님 나라는 확장되고 있으며 이를 막을 수 없습니다. 예수님은 씨가 싹을 틔우고 자라 열매를 맺는 비유를 통해 하나님 나라의 확장을 말씀하셨습니다(막 4:26-29). 하나님 나라의 좋은 씨들은 주변의 엉겅퀴와 같은 방해물에도 불구하고 자라서 열매를 맺습니다. 우리는 끝없이 확장되고 성장하는 하나님 나라의 현실 속에서 살아가고 있습니다.

하나님 나라의 확장은 오늘도 세계 각지에서 그리스도를 주님으로, 구세주로 영접하는 사람들을 통해 이루어지고 있습니다. 세상에 아무리 끔찍한 일이 일어나더라도, 하나님은 그분의 영광을 위하여 그분의 나라를 확장시키는 일을 중단하지 않으십니다.

예수님은 그 나라와 의를 먼저 구하라고 명령하셨습니다(마 6:33). 따라서 제자는 하나님 나라를 삶의 최우선 과제로 두어야 합니다. 하나님 나라는 환상이 아닌 현실입니다. 그 나라는 우리가 이 글을 읽는 순간에도 세상 속에 침투해 들어가고 있습니다. 하나님 나라에 대한 영적인 반대 세력은 실존하지만 그 어떤 힘도 하나님 나라의 전진을 막을 수 없습니다. 그리고 무엇보다 중요한 사실은 하나님 나라의 가치에 비할 수 있는 것은 아무것도 없다는 것입니다.

이러한 하나님 나라를 위한 역사(歷史) 가운데로 예수님은 열두 제자들을 부르셨고, 지금도 제자들을 부르십니다. 오늘도 하나님 나라는 믿는 이들의 마음속에서 시작되어, 그들의 삶을 통해 이 세상 곳곳으로 확장되고 있습니다. 우리는 우리의 모든 결정과 우리가 속한 모든 곳, 우리 주위에서 일어나는 모든 사건들 속에서 하나님 나라를 위한 부르심을 기억해야 합니다. 그리고 그 부르심에 반응하며 살아가야 합니다.

1. 셀프 리더십이란 리더가 자기 자신을 이끄는 영향력 과정을 말합니다. 예수님의 셀프 리더십의 핵심 내용 세 가지가 무엇이며, 그것들이 예수님에게 어떻게 영향을 미쳤고, 우리가 배워야 할 셀프 리더십은 무엇인지 정리해 보십시오.

 

 

 

2. 예수님의 십자가 리더십은 무엇입니까? 십자가 리더십은 하나님과 인간, 그리고 인간 간의 대인관계에 어떻게 영향력을 미칠까요? 십자가 리더십을 각자의 가정과 일터 그리고 교회에서 적용해 보십시오.

**3.** 예수님의 공동체 리더십의 특징은 무엇입니까? 공동체 리더십을 어떻게 만들어 갈 수 있을까요? 공동체 리더십이 바로 세워질 때 그 파급 효과와 영향력을 생각해 보십시오.

_____

_____

_____


**4.** 하나님 나라 리더십은 무엇이라고 말할 수 있을까요? 하나님 나라는 어떻게 세상 속에 확장되어 갈까요? 하나님 나라 리더십을 내 삶의 전 영역(개인, 가정, 교회, 일터)에 적용해 보십시오.

_____

_____

_____

### 한국리더십학교: 예수님의 리더십을 배우다

한국리더십학교는 통일 한국을 예비하고 하나님 나라를 이 땅 위에 구현하기 위해 2001년에 설립된 그리스도인 청년 교육 기관입니다. 학교의 설립은 한 청년의 간절한 기도에서 그 씨앗이 심어졌습니다.

1975년, 하나님의 뜻을 구하며 부르짖던 청년은 '하나님 아버지의 이름이 거룩히 여김 받게 하며, 하나님 나라가 이 땅 위에 이루어지게 하라'는 소명을 받았습니다. 그것은 한반도 땅에 모세, 다윗, 바울, 다니엘과 같이 하나님 마음에 합한 자들을 세우기를 원하시는 하나님의 뜻이었습니다. 약 25년간 하나님의 뜻을 품고 준비한 끝에 2001년, 한국리더십학교의 1기가 출범했습니다.

한국리더십학교가 하나님 앞에 다짐한 세 가지 비전은, 첫째, 크리스천 리더십을 개발하고 전파하며 사회 지도자를 양성할 것, 둘째, 하나님 나라를 위한 공동체를 세우고 섬길 것, 셋째, 통일 한국을 위한 리더십 네트워크를 구축할 것입니다. 이와 같은 비전을 실현하기 위해 한국리더십학교는 다양한 방법으로 학생들을 양육하고 있습니다.

한국리더십학교 교육의 특징은 먼저, 양질의 교육과 학생들의 자발적 참여를 들 수 있습니다. 학생들은 약 1년간 매주 토요일 다양한 주제의 세미나에 참여합니다. 커리큘럼은 6개 기본 과정(신학과 성경적 세계관), 16개 전문 과정(리더십과 사회이해), 8개 심화 과정(통일과 국제관계)으로 구성되어 있습니다. 학생들은 리더십 훈련의 가장 첫 단계로 신학과 영성에 관하여 배우며 성경에 입각한 세계관을 형성하게 됩니다. 전문 과정과 심화 과정에서는 사회 분야별 전문가들의 강의가 진행되며, 학생들은 각 전문가들이 자신의 분야에서 하나님 나라의 확장을 위해 어떻게 쓰임 받고 있는지를 듣고 도전받습니다.

또한, 학생들은 매주 필독서를 읽고 독후감을 작성하여 조별로 발표합니다. 강의와 발표에는 활발한 토론이 따르며 이에 따라 지식을 입체적으로 이해하고 삶으로 실천하게 됩니다.

한국리더십학교의 교육은 둘째, 공동체성을 함양하는 특징을 갖습니다. 한 기수가 35~40명 내외로 보통 1:1의 성비로 구성된 학생들은 매주 조별 모임을 갖고 토론을 하는가 하면 식사 교제를 통해 친목을 다지고 있습니다. 강점 짝꿍을 두어 서로의 강점을 발표하는 등 공동체를 세우는 연습을 합니다. 뿐만 아니라 매달 소외된 이웃을 찾아가 이웃 사랑을 실천하고 있으며, 이를 통해 모든 이를 사랑으로 돌보신 예수님의 리더십을 묵상하고 배웁니다.

셋째, 한 학기 동안 영적, 지적으로 리더십 훈련을 받은 한국리더십학교 학생들은 2주간 미국으로 필드스터디를 떠나는 등 실제적인 현장 교육을 받습니다. 미국 필드스터디는 한국리더십학교의 대표 프로그램으로, 3개 도시(뉴욕, 워싱턴 D.C., 시카고)를 다니며 UN, UNICEF, TFA, CFR, World Bank, IJM, GPE 등 40여 개의 다양한 국제기구, 정부 기관 및 NGO를 방문하는 프로그램입니다. 이는 공적인 리더십을 배우는 글로벌 현장 학습의 장이라 할 수 있습니다. 또한, GLS(Global Leadership Summit: 매년 8월 시카고 윌로우크릭 교회에서 진행하는 세계적인 리더십 세미나)에 참여해 세계 각국의 리더를 만나는 기회를 갖습니다.

2주간의 여정 동안 학생들은 통역팀, 봉사팀, 예배팀 등으로 역할을 맡아 서로를 섬깁니다. 그리고 자신의 소명을 찾고 리더십을 개발하며, 통일 한국에 본인의 강점과 재능이 어떻게 쓰임 받을 수 있을지 치열하게 고민합니다. 필드스터디가 끝나면 팀별로 기획한 프로젝트를 진행해 배움이 열매로 맺어지도록 합니다.

2020년 현재, 한국리더십학교는 700명이 넘는 동문이 함께하고 있습니다. 동문들은 사회 각 분야로 파송되어 전문가로서 실력을 쌓고 빛과 소금의 역할을 다하며 섬김의 리더십을 발휘하고 있습니다. 한편, 동문 중심의 다양한 모임을 꾸려 활발하게 활동하고 있는데, 동문들의 소식을 전하는 월간 〈KLS 뉴스레터〉, 한국리더십학교의 가치를 세상에 알리는 매거진 〈Leadership KOREA〉, 책을 통해 교류를 이어 가는 '북쉐어링 모임', 그리스도인 여성의 일과 소명을 찾는 'Women in Calling'(WinC) 등이 있습니다. 이는 졸업 후에도 한국리더십학교의 비전을 서로 공유하고 실현하는 리더십 네트워크라 할 수 있습니다.

한국리더십학교에서 파생된 조직도 있습니다. 한국 사회의 교육 불평등 해소를 위한 실천적 운동을 반영하는 대한민국 교육봉사단(대교단)과 남북 청년이 함께 활동하는 반디봉사단이 그것입니다. 대교단은 미국의 사회 교육 운동인 Teach For America(TFA)에서 착안한 한국형 청소년 교육 봉사활동으로 2009년에 설립되었으며, 이장로 학교장이 초대 대표인 비영리 조직입니다. 반디봉사단은 2013년 한국리더십학교의 동문에 의해 설립되어, 누적 기수 300여 명에 달하는 봉사단체로 홀몸 어르신, 지적 장애 아동 대상의 봉사와 무료급식, 연탄 배달, 탈북민 자녀 교육 봉사 등을 진행하고 있습니다. 이외에도 동문들은 재단, 비영리 조직 등을 설립하여 뜻을 펼쳐 갈 뿐만 아니라 각계각층에 퍼져 하나님 나라의 일꾼으로 섬기고 있습니다.

이렇듯 한국리더십학교의 졸업생들은 겨자씨 같은 한 사람의 순종과 헌신으로 한국 땅에 심어져 장성한 나무로 자라고 있으며 공동체 내부와 외부로 선한 영향력을 발휘하고 있습니다. 한국리더십학교는 진정 통일시대가 올 때, 수많은 공중의 새들이 깃들 수 있도록 그 가지를 계속해서 뻗어 나가고 있습니다. 한국리더십학교 동문들은 앞으로도 평생 공동체로서 하나님 나라의 비전을 공유할 것을 다짐하고 있습니다. 한국리더십학교 비전기도문을 소개합니다.

하나님, 우리가 예수 그리스도를 따르게 하옵소서.
말씀으로 변화를 받아 날마다 예수님을 닮아 가게 하시고 성령과 동행하며 예수 그리스도의 증인되게 하옵소서. 이웃을 사랑하고 공동체를 섬기는 리더십을 개발하여 세상의 소금과 빛으로 예수님의 이름을 높이게 하옵소서.
하나님, 우리가 하나님 나라를 구현하게 하옵소서.

일터에서 그리스도인으로 사는 길

삶의 순간마다 하나님의 나라와 의를 먼저 구하게 하시고 우리의
걸음마다 하나님의 영광을 나타내게 하옵소서. 말씀이 이 땅에 펴져
하나님 나라가 임하게 하시고 국가사회에 하나님의 마음에 합한
지도자들을 세워 주옵소서.

하나님, 우리가 하나되어 통일 한국을 섬기게 하옵소서
성령이 하나되게 하신 것을 힘써 지키게 하시고 소명과 직업에
따라 통일시대를 준비하게 하옵소서. 삶의 자리에서 하나님 나라
공동체를 세우게 하시고, 세계를 섬기는 통일 한국의 그날까지
동역하게 하옵소서. 우리 주 예수님의 이름으로 기도합니다. 아멘.

# 3

## 일터에서 제자로 살다

◇　　마태복음 28장 19-20절

그러므로 너희는 가서 모든 민족을 제자로 삼아 아버지와 아들과 성령의 이름으로 세례를 베풀고 내가 너희에게 분부한 모든 것을 가르쳐 지키게 하라 볼지어다 내가 세상 끝날까지 너희와 항상 함께 있으리라 하시니라

예수님은 십자가에서 죽으시고 부활하신 후 베드로에게 찾아오셔서 "네가 나를 사랑하느냐"고 물으신 후 "내 어린 양을 먹이라"고 당부하셨습니다. 주님을 진정 사랑한다면 주님의 어린 양 떼를 돌보고 먹이고 자라게 하라는 말씀입니다. 이는 베드로의 사랑 고백에 따르는 주님의 분부이며 또한 베드로에 대한 주님의 한없는 신뢰를 나타냅니다.

'내가 너의 사랑을 안다. 내가 너를 믿고 내 양 떼를 맡기니 잘 돌봐 주기 바란다.' 스승과 제자 사이의 사랑과 신뢰가 가득한 대화를 상상해 봅니다. 부활하신 예수님은 사랑하는 열한 제자들에게 "너희는 제자를 삼으라"고 말씀하셨습니다. 제자 삼는 것은 예수님의 지상명령(至上命令, the great command)이며, 동시에 예수님에 대한 우리의 사랑 고백입니다.


## 제자 삼기


제자 삼기는 제자의 부르심-양육-보내심의 과정으로 진행됩니다. 먼저 부르심에 관해 생각해 보려고 합니다.

## ■ 부르심

부르심은 하나님의 뜻에 따라 이루어집니다. 성경을 보면 주님이 제자를 부르시는 장면이 참 인상적입니다. 시몬과 안드레는 바다에서 그물을 던지다가, 야고보와 요한은 배에서 그물을 깁다가 부르심을 받았습니다. 이들은 모두 어부였지요. 그리고 세리였던 레위는 세관에 앉아 있다가 부르심을 받았습니다. 주님이 오늘 우리를 부르시는 시간과 장소도 마찬가지가 아닐까합니다. 예수님은 우리의 평범한 일터, 우리의 익숙한 일상에 어느 날 찾아오셔서 우리를 부르십니다.

제자가 되는 것은 주님의 부르심에 순종함으로 시작됩니다. 성경에 나오는 제자들의 첫 장면을 살펴보면 흥미로운 공통점을 발견하게 됩니다. 예수님의 "나를 따라오라 내가 너희를 사람을 낚는 어부가 되게 하리라"는 부르심을 듣고 곧 시몬과 안드레는 손에 있던 그물을, 야고보와 요한은 타고 있던 배와 아버지를 버려두고 예수님을 따랐습니다. 레위도 앉아 있던 자리에서 곧장 일어나 예수님을 따랐는데, 누가는 이 장면에서 그가 모든 것을 버렸다고 말합니다. 이처럼 제자들은 모두 '곧' 자기가진 것을 '버리고' 예수님을 따랐습니다.


누구든지 나를 따라오려거든 자기를 부인하고 자기 십자가를 지고 나를 따를 것이니라 마 16:24

과연 누가 이렇게 할 수 있을까요? 제자의 길은 분명히 힘든 길입니다. 그렇지만 주님이 함께하시고 도와주시면 할 수 있습니다. 왜냐하면 나 혼자 내 힘으로 가는 길이 아니기 때문입니다. 주님은 제자들과 세상 끝날까지 함께하시고 도와주십니다. 주님은 제자들에게 성령을 보내 주시고, 성령님은 다양한 은사로 제자들을 도우십니다.

내가 그리스도와 함께 십자가에 못 박혔나니 그런즉 이제는 내가 사는 것이 아니요 오직 내 안에 그리스도께서 사시는 것이라 이제 내가 육체 가운데 사는 것은 나를 사랑하사 나를 위하여 자기 자신을 버리신 하나님의 아들을 믿는 믿음 안에서 사는 것이라 갈 2:20

그리스도께서 바울 안에 사신 것처럼 오늘날도 성령님은 그리스도를 주로 고백하는 사람 안에 거하십니다(고전 3:16). 그러므로 그리스도인은 누구든지 제자가 될 수 있습니다.

그리스도인은 자신이 제자가 되는 것에 그치지 않고 다른 사람을 제자로 삼아야 합니다. 우리 주님이 제자들에게 "제자를 삼으라"고 명령하셨기 때문입니다. 바울은 디모데를 제자로 삼았고 디모데는 또 다른 사람을 제자로 삼았습니다. 나는 누구를 제자로 삼아야 할까요?

《제자도》의 저자 데이비드 왓슨(David Watson)은 제자가 갖추어

야 할 특성들에 관해서 다음과 같이 제시합니다.13

그는 기꺼이 섬기려 하는가? (막 10:34-45)

그는 기꺼이 배우려 하는가? (빌 4:9)

그는 자기 위에 있는 사람들에게 기꺼이 복종하는가? (살전 5:12)

그는 다른 사람과 자기의 삶을 나눌 수 있는가? (요일 1장)

그는 기꺼이 그리스도 안에서 있는 그대로의 자신의 모습을 받아들이는가?

(약 3:2, 요일 1:8-10)

그는 다른 사람의 허물을 용서할 수 있는가? (마 18:21)

그는 끈기가 있는가? 아니면 그는 너무 쉽게 포기하는가? (갈 6:9)

그는 다른 사람들에게 신뢰받는가? (딤전 3:7)

그는 자기의 일에만 신경을 쓰는가? 아니면 항상 다른 사람들의 삶에 관심을

쏟는가? (요 21:21)

그는 작은 일에도 최선을 다하는가? (골 3:17)

그의 삶의 궁극적 목표는 하나님을 기쁘시게 하는 것인가? (딤후 2:4)

그는 하나님이 그에게 말씀하실 때 신속하게 순종하는가? (눅 5:4-9)


이런 자질을 모두 갖출 수는 없지만 우리가 소망하고 기도하
며 성취하고자 하는 것들입니다. 그렇지만 이런 자질들은 참고
사항일 뿐 그리스도의 제자는 최종적으로 예수님이 부르시고
택하신다는 사실을 잊지 말아야 합니다. 그래서 무엇보다 기도

가 필요합니다. 우리 주님도 제자를 택하시기 전에 기도하셨습니다.

## 제자 양육

다음으로 제자 양육에 관해서 살펴보겠습니다.

예수님은 부르신 제자들을 양육하셨습니다. 날마다 함께 지내며 행함으로 본을 보이시고 말씀으로 가르치셨지요. 예수님의 제자 양육 방법은 매우 독특했지만 그 어떤 방법보다 탁월했다고 생각합니다. 예수님의 제자 양육에는 네 가지 원리가 있습니다.

첫째는 함께함의 원리입니다. 예수님은 제자들과 함께하려고 제자들을 부르셨습니다(막 3:14). 주님은 물고기 두 마리와 떡 다섯 개로 오천 명을 먹이는 기적을 행하실 때나, 모든 약한 자와 귀신 들린 사람을 고치실 때나, 잡히시기 전날 밤까지도 항상 제자들과 함께하셨습니다.

둘째는 행함으로 본을 보이는 원리입니다. 무엇보다 예수님은 섬김의 본을 보이셨습니다. "내가 주와 또는 선생이 되어 너희 발을 씻었으니 너희도 서로 발을 씻어 주는 것이 옳으니라 내가 너희에게 행한 것같이 너희도 행하게 하려 하여 본을 보였노라"(요 13:14-15)고 주님은 말씀하십니다. 그리고 예수님은 기도의 본을 보이셨습니다. 주님이 가르쳐 주신 주기도문, 그리고 겟세마네의 기도는 모든 그리스도인이 따라야 할 기도의 모범입니다.

셋째는 말씀을 가르치는 원리입니다. 예수님은 제자들에게 산상수훈을 가르치시고, 하나님 나라를 비유로 가르치시고, 십자가와 부활을 가르치시고, 성령에 관해서 가르치시고, 제자들이 마땅히 행해야 할 일들을 가르치셨습니다. 성경은 예수님의 행하심과 가르치심으로 가득합니다. 요한복음 15장에는 예수님이 말씀하신 제자의 특성이 나타나 있습니다.

> 제자는 그리스도 안에 거합니다. (요 15:7)
>
> 제자는 그리스도의 계명에 순종합니다. (요 15:10)
>
> 제자는 풍성하게 열매를 맺습니다. (요 15:16)
>
> 제자는 하나님을 영화롭게 합니다. (요 15:8)
>
> 제자는 그리스도의 기쁨으로 충만합니다. (요 15:11)
>
> 제자는 서로 사랑합니다. (요 15:12-14, 17)

## ▪ 보내심

예수님의 제자 양육 마지막 원리는 파송입니다. 예수님은 양육한 제자들을 세상으로 보내십니다. 예수님은 열두 제자를 보내시며 이렇게 말씀하셨습니다.

가면서 전파하여 말하되 천국이 가까이 왔다 하고 병든 자를 고치며 죽은 자를 살리며 나병환자를 깨끗하게 하며 귀신을 쫓아내되 너희가 거저 받았으니 거저 주라 마 10:7-8

또 주님은 "아버지께서 나를 세상에 보내신 것같이 나도 너희를 세상에 보낸다"고 말씀하셨습니다(요 17:18, 20:21). 예수 그리스도가 부활하신 후 제자들은 성령의 충만함을 받고 예루살렘과 온 유대와 사마리아와 땅끝으로 나아갔습니다. 그리고 예수 그리스도의 부활을 전하는 증인이 되었습니다. 베드로가 설교할 때에 예루살렘에서 3천 명의 사람들이 회개하고 예수 그리스도를 믿게 되었습니다. 가서 제자를 삼으라는 말씀대로, 예수님의 제자들이 많은 사람을 제자로 삼게 된 것입니다. 그날 이후 지금까지 제자 삼는 일은 제자들에 의해서 계속되고 있습니다.

## 영적 성장 돕기

오직 사랑 안에서 참된 것을 하여 범사에 그에게까지 자랄지라 그는 머리니 곧 그리스도라 엡 4:15

제자 양육의 궁극적 목표는 성도들을 가르쳐서 '그리스도의 형상'을 본받게 하는 것, 다른 말로 표현하면 '작은 예수'가 되게 하는 것입니다. 이석철은 그의 저서에서 기독교 성인교육의 방향을 다음과 같이 제시하고 있습니다.[14]

첫째, 기독교 성인교육은 성인들의 '전인적인 성숙'에 기본적인 초점을 맞추어야 합니다. 기독교 성인교육이 지향해야 할 성숙함은 전인적인 성숙입니다. 이것은 영혼의 구원뿐만 아니라 삶의 전 존재를 포괄하는 의미에서 전인적 신앙의 성숙을 이루는 것이며, 지, 정, 의를 포괄하는 전체적인 정신세계에서의 성숙한 영성을 함양하는 것입니다.

둘째, 기독교 성인교육은 개인과 공동체의 균형 있는 성장을 지향해야 합니다. 성인교육의 일차적인 목적은 성인 개개인의 욕구를 충족하는 것에 맞춰져 있지만 개인적 차원만을 지나치게 강조하는 것은 바람직하지 않습니다. 왜냐하면 인간은 사회적 존재이기 때문입니다. 그런데 한국 교회는 공동체의 양적 성장을 추구하면서 교인 개개인의 질적 성숙을 위한 성인교육에는 관심과 노력이 매우 부족했습니다. 성인 각 개인의 성숙함은 그들이 속한 공동체와의 관련성 안에서 이루어져야 하며, 따라서 기독교 성인교육은 개인과 공동체의 균형 있는 성장을 지향하는 것이 바람직합니다.

셋째, 기독교 성인교육은 교인들이 교회 안과 밖의 봉사를 균형 있게 실천하도록 하는 것이 좋습니다. 목회자의 책무는 성도를 온전케 하며 '봉사의 일'을 하게 하는 것입니다(엡 4:12). 교인들의 봉사는 교회 안에서만 제한되어서는 안 되고 교회 밖의 영역에까지 확장되는 것이 좋습니다. 하나님 나라의 구현이라는 관점에서 교회는 성도를 훈련시켜서 세상의 소금과 빛의 역할을 하도록 세상 속으로 내보내야 합니다. 다시 말하면, 존 콜만(John A. Coleman)이 주장한 것처럼 목회자는 성도들이 '제자직'(discipleship)과 '시민직'(citizenship)이라는 두 가지 책임을 모두 갖추도록 교육해야 합니다.

## ■ 영적 성장의 4단계

마치 어린아이가 청년이 되고 부모가 되어 성숙해지는 것처럼 그리스도인은 단번에 그리스도의 형상을 본받는 것이 아니라 점진적으로 성장합니다. 성장 단계마다 필요한 영적 필요가 다르기 때문에 제자를 양육하기 위해서는 그리스도인의 영적 성장 단계를 이해하는 것이 필요합니다. 호킨스와 파킨슨은 미국의 1000개 교회들에서 25만 명이 응답한 조사 자료를 기초로 교인들의 영적 성장 과정을 측정하고, 영적 성장 단계에 따라 교인들을 네 개의 그룹으로 세분했습니다.[15]

## [표 2] 영적 성장의 4단계 [16]

| 그리스도를 알아 감 | 그리스도 안에서 성장함 | 그리스도와 친밀함 | 그리스도 중심 |
|---|---|---|---|
| "나는 하나님을 믿지만, 그리스도에 대해선 잘 모르겠다. 신앙은 내 삶에서 큰 비중을 차지하지 않는다." | "나는 예수님을 믿으며, 그분을 알기 위해 여러가지 일을 하고 있다." | "나는 그리스도와 가까이 있으며, 매일 그분의 인도하심에 의지한다." | "예수님과의 관계가 내 삶에서 가장 중요하다. 그분과의 관계가 나의 모든 행동을 인도한다." |

### 구도자 그룹(Exploring Christ)

기본적으로 하나님을 믿지만 자신의 삶에서 그리스도와 그의 역할에 대해서 확신하지 못하는 사람들입니다. 이 사람들은 아직까지는 신앙의 가장자리에 있으면서 기독교의 핵심적인 믿음을 평가하고 그 믿음을 받아들인 사람들의 공동체를 주시합니다. 이들은 교회에는 규칙적으로 출석하지만 그리스도와 인격적인 관계는 맺고 있지 않습니다. 이 사람들의 영적 성장 속도는 매우 느리며, 교회에 다닌 기간이 길수록 그리스도의 제자가 될 확률이 낮습니다.

일터에서 그리스도인으로 사는 길

### 그리스도 안에서 성장하는 그룹(Growing in Christ)

이 사람들은 그리스도와 인격적인 관계를 맺고 있는 사람들입니다. 자신의 영혼 구원 및 영생과 관련해서는 그리스도를 믿기로 결단하였지만, 그분과의 관계를 발전시키는 것이 어떤 의미이며 이를 위해서 무엇을 해야 할지에 대해서는 이제 막 배우기 시작한 단계입니다. 이 사람들은 영적 성장 단계에 속한 그룹들 중 가장 다수를 차지한다고 합니다. 이들은 사실상 모든 교회 활동, 특히 소그룹 및 봉사활동에 가장 적극적으로 참여하고 있으며 영적 성장 속도는 느리지만 꾸준합니다.

### 그리스도와 친밀한 그룹(Close to Christ)

매일 그리스도에게 의지하는 사람들입니다. 이들은 그리스도가 그들의 삶을 돕는 분이라고 인식하고, 매일 그들이 직면하는 모든 문제들에 대해서 그리스도께 도움을 구하고 인도하심을 기대합니다. 이들의 특징은 언제나 하나님의 말씀을 듣고 하나님과 대화하며, 자신의 신앙을 공공연하게 드러냅니다. 그리고 십일조와 봉사에 대한 태도와 실천이 눈에 띄게 증가합니다.

### 그리스도 중심 그룹(Christ-Centered)

이 사람들은 하나님께 항복한 사람들입니다. 이들은 그리스도와의 관계가 자신의 전체 생활에서 가장 중요한 관계라고 생각하고 자신의 삶을 온전히 예수님과 그분의 관심에 헌신하며, 모든 것을 예수님의 뜻과 그분이 바라시는 것에 종속시킵니다. 이들은 확실히 변화된 삶을 살아가는 그리스도의 일꾼들입니다. 하나님에 대한 사랑이 이전 단계의 사람들보다 훨씬 크고 십일조와 봉사, 복음 전도에 있어 다른 누구보다 더 열심입니다.

## ■ 멘토링과 소그룹

제자 양육의 실제적 방법으로는 멘토링과 소그룹 활동이 효과적입니다.[17] 멘토(mentor)는 원래 호메로스(Homeros)의 《오디세이아》에서 주인공 오디세우스가 신임한 친구 멘토르에서 비롯된 말입니다. 멘토르는 친구 오디세우스가 트로이 전쟁에 나가면서 맡긴 그의 아들 텔레마코스를 왕의 가문에 손색이 없는 훌륭한 인격체로 성숙시킵니다. 그 후로 멘토라는 말은 '성인 초기에 있는 젊은이가 지, 정, 의를 균형 있게 갖춘 성숙한 성인이 되도록 안내하는 스승'을 뜻하게 되었습니다. 그리고 멘토와 그의 지도를 받는 멘티(mentee) 사이의 관계를 엮어 가는 과정을 멘토링(mentoring)이라고 합니다.

성인교육의 교사론을 멘토링으로 이론화한 대표적인 학자인 댈로즈(Laurent A. Daloz)에 따르면,[18] 멘토와 멘티는 일대일 또는 소집단 안에서 서로의 지식과 경험을 나누면서 서로 후원하고 도전하며 비전을 제시하는 역할을 하는 영혼의 친구입니다. 이들은 상호 위로자가 되고 치유자가 되며, 하나님 나라의 비전을 나누면서 자신과 이웃, 세계에 대한 인식을 변형시켜 갑니다.

멘토링은 후원의 기능, 도전의 기능, 비전 제시의 기능이 있습니다.

첫째, 후원의 기능이란 멘토가 멘티에게 "나는 네 편이야" "우리는 함께 있어, 염려하지 마"라고 말하는 것과 같습니다. 멘토가 멘티의 내면의 소리를 듣고, 멘티에게 기대감을 갖고 있다는 것을 표현하며, 멘티의 옹호자가 되고, 나아가 친구가 되는 것입니다.

둘째, 도전의 기능이란 학습자에게 교육적 욕구가 일어나도록 자극하고 의문을 갖도록 하는 것입니다. 이를 위해서 멘토는 멘티에게 과제를 주고, 선택의 기로에 세우고, 자기주장성(자기생각을 주장하는 능력)을 길러 주고, 현실을 해석하는 사고력을 촉진하고, 한 차원 높은 표준을 설정해 줍니다.

셋째, 비전 제시의 기능이란 멘토가 멘티로 하여금 미래를 보도록 큰 구조를 그려 주는 것입니다. 구체적으로 멘토는 멘티에게 삶의 순례에 필요한 지도를 제공하고, 전통화의 작업을 도와주고, 새로운 사고의 틀을 제공하는 새 언어를 찾도록 하고, 공동체가 공유하는 공동선의 꿈을 꾸도록 돕습니다.

소그룹 활동은 역사적으로 검증된 매우 효과적인 제자 양육 방법입니다. 성경은 "그들이 사도의 가르침을 받아 서로 교제하고 떡을 떼며 오로지 기도하기를 힘쓰니라"(행 2:42)고 증언합니다. 이는 가정에서 모인 소그룹이 교회의 기반이었음을 보여 주는 사례입니다. 당시 소그룹은 사도들의 가르침을 받았고, 서로 교제하며 기도하기에 힘썼고, 봉사하며 전도했습니다. 오늘날 교회가 하는 모든 기능을 소그룹이 한 것을 알 수 있지요.

따라서 성경적 소그룹은 새신자를 가르치는 제자훈련의 기능을 포함해서 친교, 예배, 전도, 봉사 등의 기능을 균형 있게 수행하는 '교회 안의 작은 교회'라고 할 수 있습니다. 이런 소그룹은 교단에 따라 구역, 순, 셀 등 다양한 명칭으로 불립니다.


## 임파워링 리더십


리더가 공동체의 목적을 이뤄 갈 때 힘써야 할 일은 구성원 한 사람 한 사람을 예수 그리스도의 장성한 분량에까지 이르도록 도와주고, 그들을 리더인 자기보다 더 나은 리더로 만드는 것입니다. 내가 할 수 있는 것보다 더 큰일을 할 수 있는 리더로 자라게 하는 것이 예수님의 임파워링 리더십(empowering leadership)입니다.[19] 임파워먼트(empowerment)는 구성원들이 지닌 잠재능력을 키워 주고 이를 발휘하도록 권한을 위임하는 행동으로, 이런 리더 행동을 임파워링 리더십이라고 합니다.

예수님의 임파워링 리더십을 본받기 원한다면, 오늘날 교회의 영적 리더는 제자들이 성령을 받도록 이끄는 것이 중요합니다. 이를 위해 먼저 리더는 제자들이 성령의 충만함을 받고, 성령의 은사를 사모하도록 성령에 관한 성경 말씀을 가르쳐야 합니다.

제자들이 영적 은사를 받는 것은 다른 사람들을 섬기기 위함이라고 성경은 말씀합니다. 바꿔 말하면 다른 사람들을 섬기려는 리더는 영적 은사가 있어야 한다는 뜻입니다. 그리고 제자는 그를 따르는 사람도 영적 은사를 받을 수 있도록 도와줘야 합니다. 바울과 베드로의 사역을 보면 그들이 기도하고 안수할 때에 권능이 나타나고 다른 사람들도 성령의 은사를 경험하는 것을 알 수 있습니다.

또한 제자는 사람들이 각자의 재능을 사용해 성장하도록 돕는 역할을 해야 합니다. 마태복음 25장의 달란트 비유에서 2달란트, 5달란트 받은 종들이 칭찬받고 하나님의 기쁨에 동참한 것처럼, 진정한 리더는 그를 따르는 사람들이 기쁨이 충만하고, 많은 결실을 거두며, 성공하게 만들어야 합니다. 그런데 세상을 보면 공로는 상사가 독차지하고, 책임은 부하에게 떠넘기는 일이 횡행합니다. 성경이 말한 리더와 매우 배치됩니다.

예수 그리스도는 제자들에게 성령을 주시고 잘할 수 있는 일을 발견케 하시며 제자들과 늘 함께하며 돕는 최고의 코치이십니다. 때로 실수해서 넘어질 때가 있어도 오래 참아 주시고 다시 도전하도록 격려해 주십니다. 그리고 결국 지속적으로 성숙의 과정을 밟게 해 리더로 만드십니다. 리더를 세우는 최고의 리더, 그분이 바로 예수님입니다.

리더가 사람들의 재능을 개발시키려면 '적재적소 배치' 원칙을 지키는 것이 좋습니다. 적합한 인재가 적합한 장소에서 일하도록 하는 것입니다. 그렇게 하려면 리더는 사람을 쓸 때 성품도 봐야 하지만, 그 사람의 재능이 무엇인가 분별할 수 있는 안목도 있어야 합니다. 그리고 그에게 맞는 일을 주고, 그 일을 통해 자기개발을 할 수 있도록 기회를 주어야 합니다. 그러면 그는 기쁨으로 리더를 따를 것입니다.

예수님은 제자들의 능력을 키우기 위해 현장학습 방법을 많이 사용하셨습니다. 예수 그리스도는 제자들에게 병 고치는 것은 물론 성전에서 가르치는 것과 하나님 나라의 복음을 선포하는 것을 보여 주셨습니다. 그리고 70명의 제자들을 택하여 그들에게 능력을 주시고 여러 마을로 보내 하나님 나라의 복음을 전하도록 하셨습니다. 바로 현장학습입니다.

그리고 예수님은 제자들에게 다른 사람을 제자 삼을 것을 명령하셨습니다. 예수님이 제자들을 세워 능력 주시고 성숙해지도록 훈련하신 것처럼, 제자들도 또 다른 사람을 예수님의 제자로 삼아 말씀을 가르치고 그들의 성숙을 도와주라 하신 것입니다. 이 세상에서 가장 좋은 학습 방법은 배운 것을 자신이 직접 가르쳐 보는 것입니다.

아놀드와 동료들[20]은 임파워링 리더십의 구성 요소로 솔선수범, 코칭, 참여적 의사결정, 정보공유, 관심 표출의 5가지 리더 행위 및 역할을 제시했습니다.

첫째, 솔선수범은 리더가 최선을 다해 업무를 수행하고 나아가 팀 구성원들보다 더욱 열심히 하는 모습을 보여 줌으로써 구성원들에게 역할 모델이 되는 것을 말합니다.

둘째, 코칭은 구성원들을 교육시키고, 그들 스스로 자신의 업무를 책임지고 수행할 수 있도록 도와주는 행위를 말합니다. 코칭은 성과 향상을 위해 구성원들이 자기 신뢰감을 가질 수 있도록 격려하는 행위도 포함됩니다.

셋째, 참여적 의사결정은 리더가 의사결정을 내릴 때 구성원들의 정보, 의견, 아이디어를 수용하는 것을 의미합니다. 나아가 그들이 자유롭게 의견을 제시하고 창의적인 아이디어를 개진할 수 있도록 분위기를 만드는 것도 포함됩니다.

넷째, 정보 공유는 단순히 목표 달성을 위한 정보만이 아니라 조직의 미션이나 철학과 같은 다양한 정보들을 리더가 구성원들에게 널리 전달해 주는 것을 말합니다. 여기에는 조직 내 의사결정 사항과 새로운 정책들에 대해 구성원들에게 자세히 설명해 주는 행위도 포함됩니다.

다섯째, 관심 표출은 리더가 구성원들과 관련된 전반적인 사항들에 대해 관심을 갖고 배려심을 나타내는 행위를 의미합니다. 예를 들어, 팀 구성원들에게 업무에 관한 사항이나 그 외적인 관심사에 대해서도 이야기할 수 있는 시간을 할애하고 들어주는 것과 같은 행동을 말합니다.

**1.** 제자의 자질은 무엇입니까? '제자 삼기'는 무엇이라고 생각합니까? 우리는 어떻게 일터에서 제자를 삼을 수 있을까요? 제자를 삼는 데 따르는 어려움과 보람을 생각해 보십시오.

_____

_____

_____

**2.** 영적 성장의 4단계는 무엇입니까? 어떻게 하면 영적으로 성숙해질 수 있을까요? 최근에 본인 또는 제자가 영적 성숙을 경험하거나 또는 영적 침체를 경험한 이유를 생각해 보십시오.

_____

_____

_____

**3.** 임파워링 리더십은 무엇인가요? 과연 나보다 더 나은 제자를 만들 수 있을까요? 임파워링 리더십의 방법은 무엇일까요? 실제로 그런 사례가 있다면 나눠 보십시오.

_____

_____

_____


**4.** 일터에서 제자 삼기를 할 때 예상되는 어려움을 생각해 보십시오. 일터에서 제자 삼은 사례를 알고 있다면 서로 나누어 보십시오. 제자 삼는 사역을 위해 무엇을 어떻게 준비해야 할까요?

_____

_____

_____

### 우성염직: 일터에서 제자 삼는 CEO

경기도 안산시 반월단지에 위치한 주식회사 우성염직은 원단에 염색 가공을 하는 곳으로 2대에 걸쳐 52년 동안 이 분야를 선도하고 있습니다. 8년 전부터 일터교회를 선포한 우성염직은 기업 비전처럼 '믿음을 바탕으로 끊임없는 도전을 통해 새로운 가치를' 기업에 심고 있습니다. 이를 증명하듯이 종업원 130여 명의 대부분이 장기근속을 하고 있습니다.

우성염직의 구홍림 대표는 기독교와 전혀 상관없는 집안에서 태어났으나 미션스쿨에 입학한 것을 계기로 교회에 다니기 시작했습니다. 하지만 아내의 강권으로 제자훈련을 받기 전까지는 소위 '선데이 크리스천'으로 살았습니다. 구 대표에게 주일이란 단지 교회에 나가 예배도 드리고 봉사도 하면서 믿음 좋은 집사님 소리를 듣는 시간이었을 뿐이었습니다. 그러니 월요일 일터로 돌아가는 순간 성공을 위해 돈을 버는, 세상 가치에 충실한 사람이 되었습니다. 그렇게 번 돈으로 십일조 잘 내고, 선교헌금으로 보내는 선교사 역할을 잘 감당하면 주님이 기뻐 받아 주실 것이라 믿었습니다.

그러던 구 대표가 아내의 열심으로 1년 동안 매주 토요일 새벽 시간에 제자훈련을 받은 뒤로 하나님을 인격적으로 만나는 경험을 하게 되었고, 그의 삶에서 하나님의 일하심이 드러나기 시작했습니다. 그가 일터에서 예수 그리스도가 일터의 주인 되심을 선포했을 뿐 아니라 직원들을 제자로 삼기 시작한 것입니다. 처음엔 임원과 팀장들을 대상으로 제자훈련을 시작했습니다. 하지만 전통적인 불교 가정에서 자랐거나 천주교 신자였던 임원들의 반발이 만만찮았습니다. 그들 한 사람 한 사람을 만나 겸손하게 설명하고 설득해야 했습니다.

구 대표는 일터의 특성에 맞게 교재를 새롭게 만든 뒤 한 기수당 6개월간 제자훈련을 진행했습니다. 일터와 각 가정에서 만나게 되는 고민을 나누고 훈련생들이 이메일을 보내면 먼저 기도로 지혜를 구한 뒤 답을 해주었습니다. 그렇게 한 사람 한 사람에게 정성을 쏟자 과정을 수료한 1기들한테서 감동적인 간증이 나왔습니다. 그러자 2기부터는 어렵지 않게 모집되었고 과정 중에도 쉽게 소통되고 서로 성장할 수 있었습니다.

특히 형님이 스님일 만큼 불교적 전통이 뿌리 깊었던 어느 임원은 제자훈련 수료 후 교회에 등록했을 뿐 아니라 일터의 전도 부장을 자처해서 다음 기수 훈련생을 모집했습니다. 일부러 핸드폰 컬러링을 반야심경으로 바꾸는 등 가장 반발이 심했던 어느 임원은 회심하여 지금은 일터 전직원예배 찬양팀 싱어를 섬기고 있습니다.

5년여 동안, 10기에 걸쳐 80명이 일터 내 제자훈련을 수료했고, 그중 30% 이상이 주님을 영접하고 교회에 등록하여 믿음의 길을 걷고 있습니다. 무엇보다 가장 큰 변화는 회사 분위기입니다. 세상 문화를 좇아 잘못되면 남 탓이고 잘되면 내 덕분이던 기업 문화가 서로 배려하고 감싸 주고 하나되는 공동체 문화로 바뀐 것입니다.

더구나 처음엔 혼자였지만, 지금은 10여 명의 일터 선교사가 배출되어 힘 있게 사역을 해 나갈 수 있게 되었습니다.

하지만 일터에서 예수님이 주인되심을 선포하고 예배와 믿음의 공동체 활동을 기초로 하나님 나라를 이루어 가는 순종들이 이어지면서, 특히 3~4년간 이루 다 열거할 수 없을 만큼 거센 영적 공격을 받았습니다. 때로는 물질적으로, 때로는 사고로 고난이 닥쳤습니다. 두렵고 낙담되고 좌절되었습니다. 그럼에도 버티고 견디어 지금에 이를 수 있었던 것은 일터 안에 세워진 동역자들과 복음을 깨닫고 한마음으로 따라와 준 리더들 덕분이었습니다.

구홍림 대표는 고백합니다. "만약 제자훈련 과정을 통해 리더들이 복음 안에서 변화되고 그 과정을 통해 동역자로서 예비되지 않았다면, 저 혼자 감당할 수 없어 포기해 버렸을 것입니다. 모두 주님의 세심한 계획과 힘 주심, 위로하심 덕분입니다. 주님께 감사와 찬양을 올려 드립니다."

7년여가 지난 지금은 10% 미만이던 믿는 직원의 숫자가 35% 수준까지 늘어났으며, 특히 직원들 사이에서 깨진 가족관계가 회복되는 등 간증이 이어지고 있습니다. 그리고 여전히 주님의 부르심과 보내심에 순종한 작은 제자들이 배출되고 있습니다.

제2부

# 일터 속에 하나님 나라를 세우는 길

# 4 〜〜〜〜〜〜

## 일터에 성경적 팔로워십과 리더십을 세우다

◇　　　골로새서 3장 22-24절

종들아 모든 일에 육신의 상전들에게 순종하되 사람을 기쁘
게 하는 자와 같이 눈가림만 하지 말고 오직 주를 두려워하
여 성실한 마음으로 하라 무슨 일을 하든지 마음을 다하여
주께 하듯 하고 사람에게 하듯 하지 말라 이는 기업의 상을
주께 받을 줄 아나니 너희는 주 그리스도를 섬기느니라

사람은 누구나 행복을 원합니다. 그 행복을 돈에서, 권력에서, 또는 성취에서 찾을까 해서 쉴 틈도 없이 일을 하지요. 그렇게 일하면서 깨닫는 것은 행복은 관계에 좌우된다는 사실입니다. 예를 들면 까다로운 직장 상사를 만나거나 동료 관계가 나쁘면 행복지수는 급격히 떨어지는 것을 경험하게 됩니다. 그리스도인은 하나님과의 친밀한 관계를 통해 대인관계에서 오는 갈등과 스트레스를 어느 정도 해소할 수는 있지만 문제가 온전히 해결되지는 않습니다. 따라서 행복한 삶을 위해서는 대인관계가 매우 중요합니다. 어떻게 해야 좋은 대인관계와 행복한 일터를 만들 수 있을까요?

성경은 대인관계의 황금률로 섬김을 말씀합니다. 그 섬김은 수단이 아니라 목적이어야 합니다. 예수님은 우리를 섬기려고 사람으로 오셨기 때문입니다.

## 대인관계 황금률

무엇이든지 남에게 대접을 받고자 하는 대로 너희도 남을 대접하라
마 7:12

위의 말씀은 보통 대인관계의 황금률로 알려져 있습니다. 영

어성경을 보면 그 의미가 더 분명합니다. "무엇이든지 다른 사람들이 당신에게 행했으면 하는 것을 당신이 다른 사람들에게 행하라(In everything, do to others what you would have them do to you)." 예를 들면, 다른 사람들이 당신에게 친절하게 대해 주길 바란다면 당신이 먼저 다른 사람들에게 친절하게 대하라는 것입니다. 대인관계의 황금률을 실천하려면 우리가 섬기려는 사람들이 무엇을 원하는지를 먼저 알아야 합니다.

## 누구나 존중받고 싶어합니다

사람은 누구나 하나님의 형상과 모양을 따라 하나님이 창조하신 존귀한 존재입니다. 자기가 그렇게 존귀한 존재라면 타인도 그렇게 존귀한 존재라는 것을 잊지 않고 상대방을 존중하는 것이 섬김의 기본입니다. 그런데 사람을 존중한다는 것은 구체적으로 어떤 것일까요?

첫째, 자신과 타인의 차이를 인정하고 그 사람을 있는 모습 그대로 수용하는 것입니다. 같은 부모로부터 태어난 형제도 다른 점이 많은데 타인이 나와 다른 것은 당연한 이치입니다. 그런데 사람들이 다투는 근본 이유 중 하나는 서로의 차이를 수용하지 않고 나의 생각과 행동을 상대에게 강요하기 때문입니다.

둘째, 사람의 강점을 인정하고 칭찬하는 것입니다. 사람은 대개 타인이 잘하는 것을 인정하기보다는 그것을 부러워하고 시기합니다. 그렇게 행동한다면 그 사람과 경쟁하는 것이지 결코 그 사람을 섬기는 것이 아닙니다. 상대방의 강점을 인정하고 그 것을 칭찬하는 것은 그 사람에 대한 존중의 표현입니다.

셋째, 감사를 표현하는 것입니다. 감사는 상대방을 인정하는 최상의 수단이고 그 사람의 마음을 여는 열쇠입니다. 우리가 하나님께 나아갈 때도 먼저 감사함으로 나아가지 않습니까? 우리가 감사로 하나님께 예배를 드리면 하나님을 영화롭게 하는 것입니다. 그처럼 우리가 누군가에게 진심으로 감사를 표현하는 것은 그 사람을 존중하는 것입니다.

## ▬ 누구나 용서받기 원합니다

완전한 사람은 아무도 없습니다. 누구든지 실수를 하며 크고 작은 허물이 있고 양심에 의한 죄의식을 가지고 있지요. 그래서 사람은 용서받기를 원합니다. 그런데도 용서하는 일이 쉽지 않은 것 같습니다. 흔히 나는 잘못한 것이 없으니 잘못한 사람이 먼저 찾아와서 용서를 구해야 한다고 생각하지요. 이때 우리는 내가 받은 하나님의 무한한 용서를 기억해야 합니다. 죄 없는 예수 그리스도는 죄 있는 인간에게 친히 찾아오셔서 먼저 용서의 손을 내미셨습니다. 예수님이 그런 것처럼 그리스도인은 잘못한 사람에게 먼저 다가가야 합니다. 그것이 성경적인 원리이며 그리스도인의 자세입니다. 예수님은 "너희가 각각 마음으로

부터 형제를 용서하지 아니하면 나의 하늘 아버지께서도 너희에게 이와 같이 하시리라"고 말씀하십니다(마 18:35).

## 누구나 성장을 원합니다

모든 생명체가 그렇듯이 사람은 성장하고 싶은 본능이 있습니다. 그리고 부모들은 자녀의 성장을 돕기 위해서 시간과 돈을 아낌없이 투자합니다. 그러므로 우리가 다른 사람의 성장을 돕는 것은 매우 중요한 섬김이라고 할 수 있습니다. 예를 들면, 그 사람이 자신의 재능을 발견하도록 돕거나, 그에게 학습의 기회를 제공하거나, 또는 소중한 경험을 나누어 주는 것입니다. 특히 젊은이들에게 해외 현장학습 또는 인턴십 등의 프로그램을 마련해 주는 것은 그들의 성장에 매우 유익한 일입니다.

예수님은 제자들을 성장시키기 위해 제자들과 많은 시간을 함께하면서 현장 훈련을 하셨습니다. 바울은 제자 디모데의 성장을 도왔습니다. 그리스도인은 가정, 교회, 일터 어디에서나 자기와 함께하는 이들의 성장을 돕는 사람이 되어야 합니다.

## 단계별 욕구를 알아 주기 원합니다

사람은 여러 가지 필요와 욕구를 가지고 있으며, 그 필요가 채워질 때 기뻐합니다. 매슬로(Maslow)는 5단계의 '욕구단계설'을 주장했는데, 그에 따르면 각 단계에 대한 충족감이 어느 정도 이르게 되면 사람들은 다음 단계의 욕구를 지향한다고 합니다.[21] 다섯 가지의 기본적인 욕구에는 생리적 욕구, 안전의 욕구, 사회적 욕구, 존경의 욕구, 자아실현의 욕구가 있습니다.

생리적 욕구는 기본적인 의식주나 휴식 등과 관련된 욕구인데 직장생활에서는 좋은 임금, 많은 휴식 시간, 물리적 작업환경 등이 이에 해당됩니다. 사람들은 일반적으로 이런 생리적 욕구가 해결되면 안전의 욕구를 지향하게 된다고 합니다.

안전 욕구는 보다 안정적인 직장이나 작업환경, 예를 들면 임시직보다는 정규직 고용 형태를 선호하는 것입니다.

사회적 욕구는 주위 사람들과 좋은 인간관계를 갖기 원하는 욕구를 말합니다.

존경의 욕구는 다른 사람들로부터 인정과 존경을 받기 원하는 것으로, 리더로서 구성원들에게 대접받기를 원하는 욕구도 이에 포함됩니다.

마지막으로 자아실현의 욕구는 자기가 원하는 목표나 비전을 성취하고자 하는 욕구입니다. 일에 흥미를 느껴 자신과 일을 동일시하거나 새로운 일에 도전하는 것은 자아실현 욕구의 예입니다.

욕구 단계설을 이해하면 사람들을 보다 효과적으로 섬길 수 있습니다. 먼저 이웃의 욕구를 파악하고, 그 사람의 욕구에 따라 섬기는 것이 바람직합니다.

# 상사와의 바람직한 관계: 팔로워십 배우기

최근 한 조사에 의하면, 직장인 5명 중 4명이 첫 직장에서 3년을 견디지 못하고 떠난 것으로 나타났습니다. 퇴사 이유로는 대인관계 스트레스, 업무 불만족, 연봉 불만족, 복지 불만족 순이었습니다.[22] 입사 3년 미만의 신입사원의 경우 대인관계 스트레스는 상사와의 관계에서 기인한다고 합니다. 상사 때문인 경우가 많겠지만 부하 스스로가 미숙하기 때문일 수도 있을 것입니다. 어떻게 하면 상사와의 관계에서 스트레스를 줄일 수 있을까요?

## ■ 부하로서 좋은 태도

태도는 사람이나 현상에 대해 갖는 마음가짐이나 몸가짐을 말합니다. 좋은 태도는 목표를 성취하는 데 있어 필수적이라 할 것입니다. 다시 말하면 좋은 태도가 대인관계의 성공을 결정한다고 할 수 있습니다. 성경은 부하가 가져야 할 좋은 태도로 다음과 같이 권면합니다(엡 6:5-8, 골 3:22-23).

1. 상사에게 순종하기를 주께 하듯 하십시오. 우리는 주님께 순종하려는 태도를 갖고 있습니다. 그것이 사실이라면 육신의 상사에게 그렇게 해서 여러분의 순종의 태도를 입증하십시오.

일터에서 그리스도인으로 사는 길

2. 상사를 존경하십시오. 상사를 대할 때 두려움과 떨림의 태도가 필요합니다. 상사를 무시하거나 그가 없는 자리에서 험담하는 것은 좋은 태도가 아닙니다.

3. 상사에게 진실한 마음으로 행하고 결코 눈가림만 하려고 하지 마십시오. 상사를 속이려 해서는 안 된다는 말입니다.

4. 상사를 성실히 섬기되 주를 섬기듯 하고 사람에게 하듯 하지 마십시오. 상사는 회사의 업무를 위해 부하들의 협조가 반드시 필요한 사람입니다. 상사가 성공하도록 성실히 도와주십시오.

5. 상사와 싸우지 마십시오. 겸손한 부하가 되십시오. 교만은 패망으로 이끌지만 온유한 사람은 땅을 기업으로 받습니다. 상사가 부하보다 많은 힘을 가지고 있음을 잊지 마십시오.

6. 상사를 위해 기도하고 묵상하십시오. 상사의 입장에서 그의 마음을 이해하고 그의 고통과 눈물에 함께하려고 노력하십시오. 상사를 깊이 생각하는 묵상 시간을 가지십시오.

7. 항상 기뻐하며 범사에 감사하십시오. 대안 없는 불평은 공동체성을 떨어뜨립니다. 긍정적인 태도로 건설적인 대안을 제시하십시오. 기쁨과 감사의 에너지를 상사에게 선물하십시오.


## ■ 어떤 부하입니까?

부하의 행동 양식에 따라 조직의 성과가 달라집니다. 높은 성과를 내는 부하와 낮은 성과를 내는 부하의 차이는 그들의 행동 양식에서 비롯됩니다. 부하들의 행동 양식은 두 가지 측면에서 구분할 수 있는데, 하나는 독립적/비판적이며 다른 하나는 수동적/능동적입니다. 이에 따라 부하들의 행동 양식을 구분한다면 [표 3]과 같이 다섯 가지 유형으로 나눌 수 있습니다.[23] 당신은 어떤 유형의 부하인지 한번 생각해 보십시오.

[표 3] 부하들의 행동 양식 유형

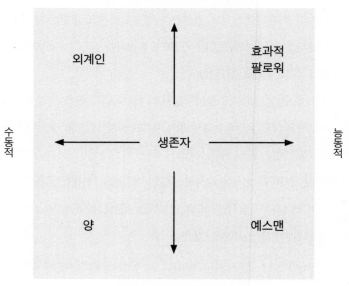

첫째, 양 같은 부하입니다. 이들은 수동적이며 의존적이고 비

일터에서 그리스도인으로 사는 길

판적 사고가 약한 행동 양식을 가집니다. 일을 주도적으로 하지 않고 시키는 일만 하며 책임감도 약합니다.

둘째, 예스맨입니다. 능동적이고 활기가 넘치지만 상사에 의존적이고 비판적 사고가 약한 편입니다. 그들은 상사의 격려에 의존하며 상사의 눈에 들기 위해 때로는 상사에 굽실거리기도 합니다. 판단력이 약하거나 자신감이 없는 상사는 이런 예스맨을 좋아하는 경향이 있어서 이런 상사와 부하가 만나면 서로 연대해서 조직을 망칠 가능성이 있습니다.

셋째, 외계인 같은 부하입니다. 이들은 비판적이고 독립적으로 사고하지만 그들의 역할을 수행하는 데 있어서는 수동적입니다. 때로 관심을 끊어 버리거나 때로 냉소적으로 반응하는데, 상사의 노력에 공개적으로 반대하지는 않습니다.

넷째, 그림의 중앙에 있는 유형으로 생존자형입니다. 이들은 '나중에 후회하는 것보다 먼저 조심하는 것이 낫다'는 마음으로 끊임없이 바람 부는 대로 움직입니다.

다섯째, 효과적 팔로워 유형입니다. 이들은 독립적이고 비판적 사고가 가능하며, 능동적으로 행동합니다. 다시 말하면, 그들은 스스로 생각하고 그들의 의무와 주어진 과제를 열정을 가지고 확신 있게 수행합니다. 이런 팔로워들은 위험을 감수하며 (risk-taking), 스스로 시작하고 독립적으로 문제를 해결하기 때문에 우수 직원보다 일관성 있게 더 높은 평가를 받습니다. 효과적 팔로워들은 균형이 잡혀 있고 책임감이 있어서 강한 리더십이 없어도 성공할 수 있습니다. 이들은 조직에서 리더가 하는 만큼 자신도 가치를 제공한다고 믿고 일합니다. 특히 프로젝트 또는 특정 과제의 상황에서 그렇습니다. 이들은 수평적 조직에서 더욱 중요한 인재들이라 할 수 있습니다.

## ■ 어떻게 효과적 팔로워십이 될까?

로버트 켈리(Robert E. Kelly)의 조사에 의하면 효과적 팔로워들은 네 가지 핵심 자질을 가지고 있다고 합니다. 그것은 자기관리, 헌신, 능력, 용기입니다.

**자기관리**(self-management) 효과적인 팔로워의 핵심 능력은 자기관리 능력입니다. 다시 말해 효과적인 팔로워는 상사의 관리 감독을 받지 않아도 자율적으로 자신을 통제하고, 독립적으로 행동합니다. 또한 효과적 팔로워는 비록 책임은 다르지만 리더와 자신을 동등하게 여깁니다. 이들은 상사에게 반대 의견을 당당하게 제시하고 직위나 조직 구조에 부담을 갖거나 겁을 내지도 않습니다. 자신이 따르는 상사도 누군가를 따르는 것임을 이해하고, 팀과 조직의 목표와 필요를 받아들이기 위해 노력합니다. 자기관리가 뛰어난 팔로워들은 조직의 비용을 절감하는 효과도 있는데 이들이 속한 조직은 직원들을 감시 감독하는 복잡한 제도와 이를 유지하는 비용이 필요 없기 때문입니다.

**헌신**(commitment) 효과적 팔로워는 자신의 삶과 경력 말고도 대의명분, 제품, 조직, 아이디어 등 다양한 대상에 헌신합니다. 효과적 팔로워들은 상사에게 헌신하기보다는 조직의 목표에 헌신합니다. 만일 조직이 그들을 필요로 하지 않는다고 여겨지면 그들은 새로운 조직을 찾습니다.

이 같은 헌신이 가져오는 기회와 위험은 분명합니다. 먼저 기회 측면을 보면 헌신은 전염된다는 것입니다. 자기 일에 열정을 쏟는 동료를 누구나 좋아하게 마련입니다. 그럼 직원들의 사기가 진작되고, 목적으로부터 멀어지던 사람들도 제자리로 돌아옵니다.

반면, 헌신이 가져오는 위험도 있습니다. 강하게 목표에 헌신했던 팔로워들은 만일 조직의 목표가 그들의 목표와 일치하지 않을 때 그들은 상사의 리더십에 도전하기도 합니다. 그래서 리더들은 팔로워들의 개인적 목표와 조직의 목표를 동시에 만족시키면서 효과적 팔로워들의 강한 헌신을 활용하는 방법을 아는 것이 중요합니다.

**능력과 집중도**(competence and focus) 아무리 헌신적일지라도 능력이 없다면 일도 할 수 없으므로 효과적 팔로워는 당연히 조직에 필요한 능력을 구비한 사람입니다. 이들은 업무에 필요 이상의 역량을 드러내고 자기 계발을 위한 배움을 게을리하지 않지요. 또한 효과적 팔로워는 추가 업무를 기꺼이 받습니다. 물론 자기가 본래 맡은 책임도 멋지게 해내면서 말입니다. 자신의 장점과 단점을 정확히 알고 소속된 조직에 충분히 기여합니다.

본인이 부족한 영역에 투입될 경우에는 이 사실을 부끄러워하지 않고 리더에게 알립니다. 운동선수가 기록에 도전하는 것처럼 성공 가능성 하나만 보고 실패할 수도 있는 도전에 기꺼이 응하지만, 회사에 금전적, 시간적 피해를 주지 않기 위해 솔직하게 자기를 드러내는 것입니다. 효과적 팔로워들은 동료를 경쟁 상대로 보지 않습니다.

**용기**(courage) 효과적 팔로워는 신뢰할 수 있고, 정직하며, 용기가 있습니다. 독립적이고 비판적 사고를 하는 직원으로 평판이 나 있으며, 사람들은 이들의 지식과 판단을 믿습니다. 인정할 건 인정하고, 실패를 시인하며, 성공을 독차지하지 않고 다른 사람들과 나눕니다. 자기 나름의 윤리적 기준을 따라 행동하는 용기가 있습니다. 또한 통찰력이 있으면서 솔직하고 두려움이 없어서 리더와 동료들이 진정성과 판단력을 잃지 않도록 지켜 주기도 합니다. 한편, 윤리 개념이 올바르지 않은 리더에게는 이들이 마음에 들지 않을 수 있습니다.

## 부하와의 바람직한 관계: 섬김의 리더십 배우기

예수님은 본래 하나님의 본체셨으나 하나님과 동등됨을 기득권으로 여기지 않으셨습니다. 오히려 자신을 비우고 종의 형체를 가져 사람들과 같이 되셨고, 자기 목숨을 많은 사람의 대속물로 주기까지 섬기셨습니다(빌 2:6-7). 예수님이 이 땅에 오신 것은 섬김을 받으려 함이 아니라 오히려 섬기려고 오신 것입니다(막 10:45).

일터에서 리더가 예수님이 보여 주신 섬김을 본받아 자신의 기득권을 내려놓고 종(servant)이 되어 부하를 섬기는 것은 과연 가능할까요? 정말로 그렇게 리더가 부하를 진정으로 섬긴다면 조직에 어떤 일이 생길까요?

### ■ 섬김의 리더십이란?

이런 질문을 가지고 그린 리프(Robert K. Greenleaf)는 그의 저서에서 섬김의(서번트) 리더십을 다음과 같이 설명합니다.24

"섬김의 리더십은 우선 다른 사람을 먼저 섬기고 싶다는 자연스러운 감정으로 시작하여 그 같은 감정을 가지고 다른 사람을 지도하고 싶다는 의식적인 선택으로 이어진다. … 다른 리더십과의 차이점은 리더가 조직원들을 위한 종(servant)이 되어 그들을 돌보고 보살핀다는 데에 있다. 그래서 리더는 먼저 조직의 구성원들의 최우선적인 필요(need)가 도움을 받는 것임을 확신해야 한다. 섬김의 리더십에서 최선의 평가 기준은 어떤 것일까? 그것은 도움을 받고 있는 사람이 섬김을 받는 동안 한 개인으로 성장하고, 더욱더 건전해지며, 더욱더 현명하고 더 자유로워지며, 보다 더 자율적이 되고, 더 나아가 자신들도 다른 사람을 섬기는 사람(servant)이 되고 싶어 하는 것이다. 우리가 사는 사회에서 이 같은 리더의 행동이 사회 경제적 지위가 낮은 사람들에게 미치는 영향은 무엇일까? 그들에게 유익한 결과를 초래할 것이고 적어도 더 이상의 박탈감은 느끼지 않게 될 것이다.”

섬김의 리더는 '사원 우선'을 의식적으로 선택합니다. 사원들의 유익을 리더 자신의 유익보다 우선에 둔다는 뜻입니다. 또한 섬김의 리더는 권력이 없는 사원들에게 권한을 위임하기 때문에 지위를 이용해 권력이나 통제력을 덜 행사합니다. 섬김의 리더는 다음의 7가지 특징을 갖습니다.25

**팔로워 우선(followers first)** 서번트 리더는 사원들의 이익과 성공이 리더 자신의 이익이나 성공보다 선행한다는 사실을 그들에게 분명하게 증거합니다. 이는 서번트 리더십의 결정적 특징으로 서번트 리더는 사원들의 관심사가 최우선이라는 것을 말과 행동으로 보여 줍니다.

**정서적 치유(emotional healing)** 다른 사람들의 관심사와 복지에 대해 민감하게 반응하고 행동하는 것을 말합니다. 이는 리더가 조직의 구성원들이 가지고 있는 문제점을 인지하고 그 해결을 위해 기꺼이 시간을 할애하는 일을 포함합니다. 예를 들어, 리더가 사원들을 위해 상담 서비스를 제공하고 위급할 때 그들 편에서 그들을 지원하는 것입니다.

**팔로워의 성장과 성공을 도움(helping followers grow and succeed)** 서번트 리더는 사원들이 잠재능력을 충분히 발휘하도록 도움을 줍니다. 또한 사원들의 목표가 무엇인지 알아서 그들의 열망을 성취하는 데 도움을 주고, 그들의 경력개발을 돕고 멘토링합니다.

**윤리적 행동(behaving ethically)** 올바른 일을 올바르게 하는 것으로, 서번트 리더는 자신의 성공을 위해 윤리적 원칙을 지키고 타협하지 않습니다. 따라서 서번트 리더는 강한 윤리적 기준을 따르고, 투명하고 정직하며, 공정합니다.

**능력 부여(empowerment)** 이는 사원들이 가진 잠재능력을 인정하고 그들에게 권한을 위임하며 동기를 부여하고 자율적 행동을 결단하게 하는 것입니다. 리더가 사원들에게 통제권을 위임하여 그들과 권력을 공유하면 사원들은 재량으로 행동하는 능력을 갖게 됩니다. 사원들의 능력 향상을 위해 리더는 그들을 고무하고 코칭하며 학습 기회를 제공합니다.

**개념화**(conceptualizing) 개념화는 조직에 대한 완벽한 이해, 즉 조직의 사명, 목표, 복잡성 등에 대한 깊은 이해를 말합니다. 조직에 대한 완벽한 이해가 있어야 리더는 조직의 문제를 여러 가지 측면에서 보고 문제의 원인을 쉽게 발견할 수 있습니다. 그리고 조직원들이 문제를 해결해 가는 과정에서 리더는 조직의 사명과 목표에 부합하도록 조직원들을 효과적으로 도울 수 있습니다.

**공동체를 위한 가치 창조**(creating values for the community) 서번트 리더는 의식적으로 기득권을 포기하고 공동체에 환원하며 공동체를 위해 가치를 창조합니다. 그는 지역사회의 활동에 참여하고 조직원들도 지역을 위해 봉사하도록 격려합니다. 공동체를 위한 가치 창조는 조직의 목표를 보다 폭 넓은 지역사회의 목표와 연결시키는 서번트 리더의 특징입니다.

### ▬ 대화 십계명: 하지 말아야 할 말, 해야 할 말

말 한마디로 천 냥 빚을 갚는다는 속담이 있습니다. 말 한마디에 그만큼 힘이 있다는 뜻이지요. 성경, 특히 잠언은 좋은 대화법에 관한 지혜의 말씀으로 가득합니다. 잠언에 따르면 사람이 죽고 사는 것이 말의 능력에 달려 있습니다(잠 18:21). 데일 카네기(Dale Carnegie)는 친구를 사귀고 사람들을 움직이는 실제적인 대화법을 제시했습니다.26 그가 제시한 여러 가지 법칙들과 성경 말씀에 기초해서 '대화 십계명'을 제안합니다.

**1. 비판하지 말라.** 성경은 "비판을 받지 않으려면 비판하지 말라 너희가 비판하는 그 비판으로 너희가 비판을 받을 것이요 너희가 헤아리는 그 헤아림으로 너희가 헤아림을 받을 것"이라고 말씀합니다(마 7:1-2). 비판은 사람의 행동을 변화시키는 데 효과적이지 않습니다. 오히려 사람을 방어적 입장에 서게 하고, 비판받는 사람으로 하여금 자신을 정당화하느라 안간힘을 쓰게 만듭니다. 때로는 칼로 찌르는 것같이 날카로운 비판을 하는 경우가 있는데 이것은 사람의 원한을 살 수 있으므로 피하는 것이 좋습니다. 대신에 겸손한 마음으로 자신의 대안을 제시하고 그에 대해서 상대방의 의견을 묻는 것이 바람직합니다.

**2. 원망하지 말라.** 성경은 "형제들아 서로 원망하지 말라 그리하여야 심판을 면하리라"고 말씀합니다(약 5:9). 출애굽한 이스라엘 백성들은 광야에서 원망과 불평을 입에 달고 살았어요. 그 결과 하나님께 심판을 받았습니다(민 11:1-2). 원망은 친한 사람

에게 상처를 입히고 친구 사이마저 갈라놓습니다. 부모도 자식들로부터 원망을 들으면 크게 낙심하며 실망합니다.

**3. 화를 내지 말라.** 형제에게 노하거나 욕하는 사람은 심판을 받게 됩니다(마 5:22). 화를 내더라도 죄를 짓지 말며 해가 지도록 분을 품지 말고 마귀에게 틈을 주지 말아야 합니다(엡 4:26-27). 성내는 것은 하나님의 의를 이루지 못합니다(약 1:20). 사람은 대개 자기가 다른 사람으로부터 무시를 당하거나 억울한 일을 당하면 분노하게 되지요. 그렇지만 노하기를 속히 하는 사람은 어리석은 일을 행하고, 노하기를 더디 하는 사람은 크게 명철하다고 성경은 말합니다(잠 14:17, 29).

**4. 거짓말하지 말라.** 거짓말의 원조는 마귀라고 성경은 말씀합니다. 마귀는 그 속에 진리가 없으므로 말할 때마다 거짓말을 하지요. 마귀는 거짓의 아비이고 거짓말쟁이입니다(요 8:44). 십계명도 네 이웃에 대하여 거짓 증거하지 말라고 명령합니다(출 20:16). 실정법에서도 거짓 증언은 벌을 받게 되어 있습니다. 법까지 가지 않더라도 거짓말을 하면 신용을 잃게 되고 관계도 깨어지고 목숨을 잃는 경우도 있지요. 그럼에도 사람들이 거짓말을 하는 이유는 욕심 때문입니다. 때로 다른 사람에게 잘 보이기 위해 거짓말을 하고, 또 진실이 드러나는 것이 두려워서 자

꾸 거짓말을 하기도 합니다.

**5. "당신이 틀렸소"라는 말은 절대로 하지 말라.** 만일 그런 말을 한다면 그것은 일종의 도전입니다. 논쟁에서 최선의 것을 얻어내는 유일한 방법은 논쟁을 피하는 것입니다. "당신이 틀렸소"라고 말하는 대신에 "내 생각이 틀릴 수도 있겠죠. 나는 종종 그러니까요. 그러니 사실을 한번 검토해 봅시다"라고 말하는 것이 논쟁을 피하는 좋은 방법입니다. 그럼 상대방도 자기 생각이 혹시 틀릴지도 모른다고 재고하게 되지요. 만일 자기 생각이 틀렸다면 즉시 인정하십시오. 그것이 싸우지 않고 상대방의 마음을 얻는 길입니다.

**6. 감사의 말을 하라.** 범사에 감사하는 것은 하나님의 뜻입니다(살전 5:18). 더러운 말, 어리석은 말, 희롱의 말은 그리스도인에게 합당하지 않으니 오히려 감사의 말을 하는 것이 좋습니다(엡 5:4). 감사의 말은 내게 베풀어 준 은혜에 대한 최소한의 보답입니다. 감사는 듣는 사람에게 보람과 기쁨을 느끼게 하고 자존감을 갖게 합니다. 사람들 앞에서 어떤 사람에게 특별히 감사의 말을 하는 것은 그 사람을 명예롭게 합니다. 그러나 마땅히 해야 할 감사를 하지 않는다면 은혜를 모르는 사람이 되고 다른 사람들의 도움도 받기 어렵게 됩니다.

**7. 솔직하고 진지한 칭찬을 하라.** 칭찬은 사실에 근거하지만, 아첨의 말은 사실이 아니라는 점에서 칭찬과 다릅니다. 사람들은 누구나 솔직하고 진지한 칭찬을 듣고 싶어 합니다. 왜냐하면 사람은 다른 사람의 인정을 받으려는 본능이 있고, 중요한 인물이 되고 싶은 갈망이 있기 때문입니다. 그래서 솔직한 칭찬을 들으면 사람은 자기가 중요한 인물이 되었다고 생각하지요. 그리고 그것 때문에 더욱 열심히 일하게 됩니다. "칭찬은 고래도 춤추게 한다"는 말이 있습니다.

**8. 공감하며 경청하라.** 공감적 경청이란 상대방의 내면에 들어가서 그의 관점을 통해서 사물을 보고, 그들이 느끼는 감정을 이해하는 것입니다. 상대방의 말을 귀로 들을 뿐만 아니라 그의 신체 언어를 눈과 가슴으로 듣는 것이지요. 공감적 커뮤니케이션의 원칙은 '먼저 경청하고 상대방을 이해하려고 노력한 후에 상대방에게 자신을 이해시키라'입니다. 우리가 진정으로 상대방의 말을 경청하고 그를 깊이 이해할수록 그만큼 그들의 가치를 이해하게 되고, 이를 넘어 더 큰 존경심을 느끼게 될 것입니다. 이처럼 다른 사람의 영혼과 접촉한다는 것은 신비한 경험입니다.

**9. 상대방의 관심사를 화제로 삼으라.** 사람은 대개 다른 사람의

문제보다 자신의 문제에 대해 몇 백 배 더 큰 관심을 가지고 있습니다. 따라서 대화할 때 상대방의 관심사, 예를 들면 상대방이 최근에 이룬 업적에 관해서 질문을 하면 신이 나서 대답할 것입니다. 그 사람으로 하여금 자신의 말을 많이 하게 만드는 것이 친구를 만드는 좋은 방법입니다. 반면에 당신이 외톨이가 되고 싶다면 상대방에게 말할 기회도 주지 않고 당신의 말만 하면 되겠지요.

**10. 실수를 지적할 때라도 체면을 세워 줘라.** 사람은 누구나 실수할 수 있습니다. 다른 사람의 실수를 지적할 필요가 있을 때도 본인의 실수를 먼저 이야기하는 것이 좋습니다. 상사가 자기 자신 또한 완벽한 사람이 아니라는 점을 겸손하게 인정한다면 지적을 받는 부하도 그다지 반감을 갖지 않을 것입니다. 설령 상대방이 잘못을 인정하더라도 상대방의 체면을 구기는 심한 말은 그 사람의 자존심에 상처를 줄 뿐입니다. 실수한 부하를 격려하고 다시 용기를 내서 도전할 수 있도록 고무하는 상사가 되십시오.

묵상과 토의

**1.** 대인관계가 왜 중요합니까? 대인관계의 황금률은 무엇입니까? 어떻게
황금률을 실천할 수 있을까요?

_____

_____

_____

**2.** 내가 가장 힘들어하는 사람은 누구입니까? 그 사람과 관계가 힘든 이유가 성격 차이,
생각의 차이, 혹은 태도의 문제인가요? 어떻게 하면 그 사람과 좋은 관계를 회복할 수
있을까요?

_____

_____

_____

**3.** 부하(follower)의 역할에서 자신의 팔로워십 패턴은 무엇입니까? 그 원인은
무엇이라고 생각합니까? 어떻게 팔로워십을 향상시킬 수 있을까요?

_____

_____

**4.** 상사(leader)의 역할을 하는 동안 당신의 부하들은 성장했나요? 서번트 리더십은 무엇입니까? 어떻게 서번트 리더십을 향상시킬 수 있을지 생각해 보십시오.

_____

_____

_____

**5.** 대화 십계명 중에서 마음에 거리낌이 있는 것은 무엇입니까? 대인관계에서 자신이 사용하는 말이 왜 중요하다고 생각합니까? 어떻게 자신의 말을 바꿀 수 있을까요?

_____

_____

_____

### 한만두: 일터 속 사랑의 공동체

회사가 외부 환경으로 어려워져서 문 닫을 위기에 처했을 때 CBMC 경영자학교에서 교세라의 전희인 대표의 사례 발표를 듣게 되었습니다. 십자가 경영을 하고 있다는 그분의 얘기를 듣고 '바로 이거다'라는 생각이 들어 그분의 책을 사서 읽고 무작정 따라 하기 시작했습니다.

우리 회사의 사명은 '우리는 직원의 행복을 추구하고 고객에게 맛있고 건강한 먹거리를 제공한다'입니다. 이 사명에 따라 직원들을 행복하게 하는 방법을 고민했고, '사랑합니다'를 인사말로 하는 캠페인을 벌였습니다. 사람은 돈이 아니라 서로 사랑을 주고받을 때 행복을 느낀다고 여겨 먼저 입으로라도 사랑을 외쳐 보자 싶었던 것입니다. 회사 내 모든 기계와 출입문에 '사랑합니다'가 적힌 종이를 붙이고, 회사 중역들이 솔선수범하여 출근 시간에 문 앞에 서서 직원들에게 "사랑합니다"를 외쳤습니다. 캠페인을 잘한 사람에게는 상금을 시상하고 못한 사람에겐 개인 사물함에 쪽지와 음료수를 넣어 주며 격려했습니다.

그렇게 1년이 지나자 회사에서뿐만 아니라 마트에서, 주유소에서, 어디를 가든 만나는 사람들에게 '사랑합니다'를 외치게 되었다는 직원들의 고백을 듣게 되었습니다. 어떤 사원은 아침마다 '사랑합니다'를 듣고 나면 마음이 따뜻해진다고, 이전보다 삶이 더 행복해졌다고 말했습니다.

매주 월요일 아침이면 목장 나눔을 갖습니다. 뿐만 아니라 목장 차원에서 봉사를 나가고 매월 미션을 수행하고 있습니다. 1년에 2회 우수 목장을 선정해서 해외여행을 보내 줍니다. 해를 거듭하면서 목장 문화는 우리 회사의 독특한 문화로 자리 잡았고, 그 때문인지 일터에선 항상 웃음소리가 흘러나옵니다.

직원들이 행복해서 그런지 만두가 맛있어졌다는 평을 들으며 매출이 2배나 늘었습니다. 곧 문 닫을 위기에 놓였던 회사는 이를 계기로 1400평의 땅을 사서 공장을 지을 수 있었습니다. 그 과정에서 참으로 은혜로운 일이 많았습니다. 땅은 샀는데 기계 살 돈이 없어 고심하자 직원들이 릴레이 기도를 했고, 만두가 신기하게 맛있다고 찾아오신 어떤 할아버지가 우리의 작업 환경을 보고는 보증을 서서 대출을 받을 수 있게 해주었습니다. 어떤 직원의 가족은 한만두에 와서 하나님을 믿게 되어 온 가족이 구원을 받아 감사하다며 회사에 건축헌금으로 1억 7천만 원을 헌금하기도 했습니다.

회사의 생산 능력을 10배로 늘렸더니 일주일 중 2일만 일해도 냉동창고에 만두가 꽉 차게 되었습니다. 그래서 우리는 남는 시간 동안 청소도 하고 책도 읽고 찬양도 하며 자기를 위한 시간을 가질 수 있었습니다.

그러다 또 한 번 전기세와 가스비도 못 내는 위기를 맞았을 때, 우리는 하나님이 공급하시는 만나를 경험할 수 있었습니다.공중파에서 방영되는 주말 육아 예능 프로그램에서 세 쌍둥이가 갈비만두 8판을 먹는 모습이 방영되면서 갑자기 일일 생산량의 10배나 되는 주문이 쇄도하게 된 것입니다. 이때 직원들은 매일 20시간 가까이 만두를 빚으면서도 한마음으로 이 놀라운 만나를 즐겼습니다. 그런 우리를 보고 믿지 않는 사람들조차 하나님이 도와주셨다고 입을 모았습니다.

우리는 1년에 한 번 행복캠프(수련회)를 엽니다. 캠프 둘째 날 밤에는 콜링의 시간을 갖는데 지난해(2019년도)에는 33명이 예수님을 믿고 영접하게 되었습니다. 그날 밤 참석한 모든 사람이 감격의 눈물을 쏟으며 하나님의 놀라운 일하심을 찬양했습니다.

술 담배와 과로로 건강이 악화되어 일을 그만두었다가 우리 회사로 온 신입사원은 매일 아침 큐티를 하다가 스스로 교회에 나가 등록을 하고 돌아왔습니다. 서로 섬겨 주고 사랑해 주는 직원들에게 감동이 되어 그의 마음밭이 옥토가 된 까닭입니다. 지금은 술 담배도 끊고 예수님의 제자로 성장해 가고 있습니다.

우리 회사에는 이런 이야기들이 차고 넘칩니다. 일터 가운데 하나님 나라가 임하니 일터가 하나님의 사랑으로 넘실거립니다. 그러다 보니 매일 크고 작은 기적을 경험하고 있습니다.

한만두의 매출은 20배 성장했고, 12명이던 직원이 160명으로 늘어났으며, 50평의 월세 공장이 1400평의 자가공장으로 성장했습니다. 그러나 한만두의 자랑은 양적 성장이 아니라 영적 성장에 있습니다. 우리는 매년 중국의 고아원으로 봉사를 갑니다. 그곳에서 우리 직원들은 믿음을 새롭게 하거나 하나님을 만나며 영적으로 성장하고 있습니다.

어느 날 주님을 사랑한다고 고백하는 저에게 주님은 하나님 사랑이 곧 이웃 사랑이라고, 이웃은 곧 직원이라며, 직원을 사랑하라고 하셨습니다. 그 말씀에 순종했더니 오늘 저를 기적의 주인공으로 만드셨습니다. 이 모든 일을 계획하시고 인도하신 주님께 감사하며 영광을 돌립니다.

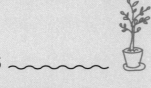

# 5 〰〰〰〰

## 일상이 영성이 되다

◇　　　베드로전서 2장 9절

그러나 너희는 택하신 족속이요 왕 같은 제사장들이요 거룩한 나라요 그의 소유가 된 백성이니 이는 너희를 어두운 데서 불러 내어 그의 기이한 빛에 들어가게 하신 이의 아름다운 덕을 선포하게 하려 하심이라

그리스도인은 가끔 자신의 삶과 신앙이 무슨 관련이 있는가 자문합니다. 주일의 신앙이 평일로 이어지지 못하고 일터에서는 그 신앙이 무기력해지는 것을 느낄 때도 있습니다. 그럴 때 우리는 일터는 신앙과 무관하고 오히려 신앙생활에 피해를 준다고 생각하기도 합니다. 신앙을 지키기 위해서는 가급적 일터를 멀리하고 교회 생활에 더 많은 시간과 노력을 사용해야 한다고 가르치는 교회도 있습니다. 그래서 오늘날 신앙생활은 교회 활동과 관련된 것으로만 제한되어 있고 그리스도인의 실제 삶과는 분리되어 있는 것이 현실입니다.

그러나 온전한 그리스도인은 일터에서나 가정에서나, 공적인 영역에서나 사적인 영역에서나 그리스도에게 자신을 온전히 헌신하며 신앙과 삶의 일치를 추구합니다. 우리는 어떻게 일과 신앙, 그리고 삶을 하나로 통합할 수 있을까요?

## 하나님의 청지기

안식일에 병든 자를 고친다고 비난하는 유대인들에게 예수님은 하나님께서 일하시니 나도 일한다고 말씀하셨습니다(요 5:17). 하나님은 태초부터 이제까지 일하고 계시고 우리를 부르시며 하나님의 일을 함께하자고 초청하십니다.

# 일하시는 하나님

태초부터 지금까지 하나님은 일하십니다. 성경은 하나님이 태초에 천지를 창조하시는 일을 일곱째 날에 마치시니 그가 하시던 모든 일을 그치고 그날에 안식하셨다고 말씀합니다(창 2:2). 그리고 하나님은 에덴동산을 창설하시고 그가 지으신 사람을 이끌어 에덴동산에 두시고 그것을 경작하며 지키게 하셨습니다(창 2:15). 또한 하나님은 흙으로 각종 들짐승과 각종 새를 지으시고 아담으로 하여금 그들에게 이름을 부르도록 하셨지요. 이처럼 하나님은 태초부터 일하시는 하나님입니다. 또 하나님은 사람을 만드시고 세계 만물을 다스리게 하셨습니다(창 1:26).

하나님은 이제까지 피조물들을 돌보시는 일을 하고 계십니다. 신학자들이 공급(provision), 또는 섭리라고 부르는 일입니다. 창세기 2장을 보면 쉽게 이해할 수 있지요. 하나님은 사람을 지으시고 스스로 공급자가 되어 돌보십니다. 동산을 만드시고, 물을 내셨으며, 아내를 만들어 주시고, 생육하고 번성하여 땅에 충만하게 하시고, 땅을 정복하여 만물을 다스리게 하셨습니다. 성경을 계속해서 읽어 보면 하나님은 공급자로서 샘물이 솟아나게 하시고, 만나를 주시고, 우리에게 일용할 양식을 주시고, 피조물을 사랑하시고 돌보시고 양육하시는 것을 알 수 있습니다.

공급자 하나님의 손길은 많은 사람의 일을 통해 드러납니다.

예를 들어, 식품회사는 다른 사람들이 만든 여러 가지 재료를 공급받아서 그것들을 가지고 식품을 제조한 후에 유통업체를 통해서 사람들에게 공급하지요. 이때 재료를 공급하는 사람, 전기를 공급하는 사람, 제조하는 사람, 유통하는 사람, 판매하는 사람 등 여러 공급 단계를 거쳐서 최종 소비자에게 전달됩니다. 그런 의미에서 일은 공급자 하나님의 주요한 수단이고 그것이 바로 하나님이 세상을 섭리하시는 방식입니다. 따라서 하나님의 뜻에 맞는 일은 바로 하나님의 일이고, 그 일을 하는 사람은 하나님의 일꾼이며 동역자라고 말할 수 있습니다.

일하시는 하나님의 모습은 성경에 다양하게 나타납니다. 우리가 즐겨 암송하는 시편 23편에는 하나님이 목자로 나타납니다. 예수님도 나는 선한 목자라, 선한 목자는 양들을 위하여 목숨을 버린다고 말씀하셨습니다(요 10:11). 또한 하나님은 치료하시는 의사로 표현되기도 합니다(출 15:26). 예수님도 백성들의 모든 병과 약한 것을 고치셨습니다(마 4:23). 예수님은 하나님 아버지를 포도나무의 가지를 깨끗이 하고 돌보시는 농부로 비유하셨습니다(요 15:1). 한편, 예수님은 목수의 아들로서 아마도 30세까지 목수의 일을 하셨을 것입니다. 진실로 하나님은 일하시는 하나님입니다.

## ■ 청지기의 임무

사람은 하나님의 청지기, 곧 하나님이 임명하신 관리자입니다. 청지기는 주인의 뜻에 따라 맡겨진 일을 잘해야 합니다. 하나님의 청지기는 하나님의 뜻을 잘 알아야 주인이신 하나님을 기쁘게 할 수 있겠지요. 이제 청지기의 기본적인 임무를 살펴보겠습니다.

**창조 세계의 보존** 하나님은 사람을 창조하신 후에 그들에게 명령하셨습니다. "하나님이 그들에게 복을 주시며 하나님이 그들에게 이르시되 생육하고 번성하여 땅에 충만하라, 땅을 정복하라, 바다의 물고기와 하늘의 새와 땅에 움직이는 모든 생물을 다스리라 하시니라"(창 1:28). 이 창조 명령은 오직 사람에게만 주어진 것으로 사람이 하나님의 형상을 따라 창조된 데서 나온 것입니다. 하나님은 창조 세계와 그 질서를 유지하고 발전시키는 일을 사람에게 맡기신 것입니다. 그러므로 창조 명령은 모든 사람이 마땅히 따라야 할 임무이며 동시에 사람에게만 주어진 특권입니다.

창조 명령에 의하면, 사람은 하나님이 창조하신 세계를 돌보는 청지기이며 하나님의 동역자라고 할 수 있습니다. 그리고 창조 명령은 사람에게 복을 주시기 위한 것이므로, 일은 사람이 복을 받을 수 있도록 하나님이 정하신 축복의 통로이기도 합니다. 일은 하나님의 뜻대로 창조 세계를 회복하고, 유지하고 보존하며, 하나님의 영광을 드러내야 합니다.

**일의 회복** 사람이 죄로 말미암아 타락하게 되었고, 그 결과 일에도 죄가 들어오게 되었습니다. 일은 바벨탑 사건에서 보듯이 사람을 교만하게 하며 결국 하나님을 떠나게 하기도 합니다 (창 11:1-4). 일하면서 사람들은 때로 시기하고 미워하며 심지어는 살인까지 합니다. 또 사람들은 일과 자신의 정체성을 동일시하거나 일이 부여한 지위에 취해서 다른 사람들 위에 군림하려고도 합니다. 또 일이 모든 것을 줄 수 있다는 환상에 빠져 일을 숭배하고 하나님을 멀리하기도 합니다. 일이 우상이 되면 공동체와 사람과의 관계를 우선시하기보다 일의 성취에만 매달리는 일 중독자가 될 수 있습니다.

하나님은 사람이 본래의 청지기 자리로 돌아오기를 바라십니다. 우리가 하는 일이 하나님의 뜻을 이루는 통로가 되기를 바라십니다. 사람은 일하면서 창조주 하나님을 인정하고 그분과 친밀히 교제하며 그분의 뜻대로 만물을 돌보고 관리해야 합니다. 사람이 하나님의 뜻대로 일하며 창조주를 더욱 깊이 알면 알수록 하나님을 경배하게 됩니다. 즉 일과 예배가 하나로 통합되는 것입니다. 이렇게 되면 일은 인간의 능력을 개발하고 인간의 창의성을 표현하며, 인간의 삶을 풍요롭게 하고 참 안식을 누릴 수 있는 복의 통로가 되는 것입니다.

요약하면, 일은 하나님을 경배하게 하고, 인간의 정체성을 깨닫게 하며, 인간과 만물에게 축복의 통로가 됩니다. 이렇게 모든 일이 하나님이 기뻐하시는 일이 되었으면 좋겠습니다.

**샬롬 공동체 세우기** 하나님은 공동체를 만드시는 분입니다. 창세기 2장에 의하면, 하나님은 아담에게 에덴동산을 다스리고 지키게 하셨고, 아담은 자기 가족을 먹이고 입히기 위해 에덴동산을 경작했습니다. 사람이 일하는 것은 일차적으로는 가정 공동체의 생계를 위함이지요. 한편, 하나님은 이스라엘에게 젖과 꿀이 흐르는 땅을 주시고 가난한 자들, 고아와 과부, 이방인들과 그 땅에 사는 모든 사람이 함께 그 땅의 산물을 즐기라고 하셨습니다. 일은 공동체를 위해, 공동체에 의해 수행되는 공동체의 사업입니다.

하나님은 일터에 샬롬 공동체를 만드는 것에 관심이 많으십니다. 샬롬은 하나님이 의도하신 공동체를 나타내기 위해 성경에서 350회 이상 사용된 히브리 단어입니다. 샬롬은 완전하고 건전하며 안전해지는 것이고, 건강하고 번영하는 것입니다. 그것은 하나님과 공동체와 전 세계가 완전한 조화와 평화를 이루는 것입니다.

일터에서 샬롬 공동체를 만들기 위해서는 먼저 일터의 노동

자와 사용자, 그리고 이해관계자 집단 사이에 좋은 관계가 유지되어야 합니다. 사용자는 청지기로서 이해관계자들에게 정의를 행하고 그들을 사랑으로 섬김으로써 사회 전체의 공동선을 최대화하도록 노력해야 합니다. 이렇게 되면 일은 공동체를 섬기는 실천적 행동이 됩니다.

## 만인 제사장직

지금까지 일하시는 하나님이 사람을 청지기로 불러 창조 세계를 보존하고 일을 구속하며 샬롬 공동체를 만드는 임무를 맡기셨다는 것을 살펴보았습니다. 그런데 세상에는 수많은 종류의 직업이 있습니다. 그중에서 하나님이 특별히 부르시는 직업이 있지 않을까요? 예를 들면 목회자, 신부, 선교사 등을 성직이라고 부릅니다. 그런데 종교개혁자인 루터는 이것과 생각이 달랐습니다.

### ▬ 직업과 소명의 관계

신약성경에서 '부르다'라는 뜻을 가진 그리스어 칼레오(kaleo)는 보통 믿음으로 구원을 받고 예수님과 더불어 하나가 되라는 하나님의 소환(calling)을 의미합니다(롬 8:30, 고전 1:9). 또한 하나님이 그의 소유된 백성으로 불러서 하나님의 복음을 선포하려는 부르심도 포함됩니다(벧전 2:9).

그런데 종교개혁을 이끈 마르틴 루터는 고린도전서 7장 24절의 '부르심'이란 단어를 '직업'을 의미하는 독일어 베루프(Beruf)로 번역해서 소명에 관한 전통적인 견해를 고수하던 중세교회에 도전했습니다. 당시 중세교회는 교회가 지상에 실현된 하나님 나라라는 인식을 가지고 있었으므로, 교회를 위해 교회 안에서 행하는 직무만이 하나님의 일이라고 인정했습니다. 수도사와 신부 또는 수녀가 되는 것만이 하나님의 일이라고 생각한 거지요. 흔히 이를 '신령한 직분'이라고 불렀으며 그밖의 일은 천박하지만 '세속적 직분'으로 보았습니다. 이런 중세교회의 견해를 루터는 아래와 같이 공격했습니다.[27]

"교회, 주교, 신부, 수도사들을 '신령한 직분'으로 칭하면서 왕족, 귀족, 장인, 농부들을 '세속적 직분'이라고 부르는 건 모두 지어 낸 소리다. 철저한 기만이요 위선이 아닐 수 없다. 그러므로 누구도 거기에 주눅 들 이유가 없다. 그리스도인이라면 누구나 진정으로 신령한 직분을 가졌으며 직무의 종류가 다르다는 것 말고는 아무런 차이가 없기 때문이다. …사도 베드로의 말처럼 세례와 함께 제사장으로 드려졌기 때문이다. '너희는… 왕 같은 제사장들이요 거룩한 나라요'(벧전 2:9), 묵시록은 이렇게 가르친다. '피로 사서… 나라와 제사장들을 삼으셨으니 그들이 땅에서 왕 노릇 하리로다'(계 5:9-10)."

이와 같은 루터의 소명에 대한 해석과 만인 제사장직 주장은 당시 중세교회의 이층 구조적 계층을 완전히 무너뜨렸습니다. 루터는 '독일 귀족에게 주는 글'에서 "복음을 통하여 은혜와 믿음으로 이신칭의(구원)받고 세례받은 모든 믿는 자들은 하나님 존전에서 모두 하나님의 자녀들이라는 동등한 신분을 가졌다. 따라서 첫째, 성직 계층이 평신도 국가 공직자들보다 우월할 수 없고, 둘째로 교황만이 성경을 해석해서는 안 되며, 셋째로 평신도도 공의회를 소집할 수 있어야 한다"고 주장했습니다. 또한 루터는 '교회의 바벨론 포로'에서 두 가지 성례(세례, 성만찬)만을 유효한 것으로 확정하면서 평신도들까지도 세례와 성만찬을 베풀 수 있다는 혁명적인 주장을 했습니다. '기독자의 자유'에서는 죄와 죽음의 노예로부터 해방된 모든 평신도는 사제 계층의 중재 없이도 예수 그리스도의 손을 붙들고 지성소인 하나님 앞에 홀로 나아가 이웃을 위해서 중보의 기도를 올릴 수 있다고 주장했습니다.[28]

## ■ 좋은 일꾼의 태도

지금까지 모든 일꾼은 하나님의 청지기이며, 모든 직업은 소명이고, 성직과 세속직으로 구분하는 것은 틀린 것이라는 종교개혁자의 가르침을 살펴봤습니다. 이제 어떻게 일하는 것이 좋은 일꾼인지 살펴보려고 합니다. 선한 목적을 이루기 위해서는 그 과정과 수단도 선해야 할 것입니다. 성경은 일하는 태도에 대해 다음과 같이 권면하고 있습니다.29

첫째, 일이 축복의 근원이 되도록 해야 합니다(창 1:26-28). 하나님은 일을 통해서 사람들에게 복 주기를 원하십니다. 직장인은 하나님의 복을 세상에 공급하는 일꾼입니다. 마치 하나님 아버지가 사랑하는 자녀들에게 선물할 물품을 만드는 것처럼 일한다면 그 생산물은 분명히 고객에게 축복이 될 것입니다.

둘째, 모든 일을 주께 하듯 해야 합니다. 직장인은 상사들에게 순종하되 사람을 기쁘게 하기 위해 눈가림만 하지 말고 오직 주를 두려워하여 성실한 마음으로 순종해야 합니다(골 3:22-4:1). 또한 모든 일을 예수 그리스도 이름으로 하는 것이 좋습니다(골 3:17). 예수의 이름을 걸고 일하라는 말입니다. 그렇게 일하면 자연히 최고의 겸손과 온유로 일하게 되고 최상의 성과를 얻게 될 것입니다.

셋째, 일터에서 사람을 섬기십시오(막 10:42-45). 세상 사람들은 자기가 주인이 되고 싶어 하고 자기중심적으로 권세를 부리려고 합니다. 그러나 예수 그리스도는 섬기러 오셨고 종이 되어 십자가에서 죽기까지 섬기셨습니다. 그리고 예수님은 제자들에게 너희도 이같이 섬기라고 하셨습니다. 특히 까다로운 상사들을 만나면 그들의 고충을 이해하려고 노력하고 그들을 위해 기도하십시오.

넷째, 희생이 필요합니다. 희생이 없으면 감동이 없습니다. 예수님의 사랑이 우리에게 감동을 주는 이유는 우리의 죄를 대속하기 위해 자기 몸을 희생 제물로 드리셨기 때문입니다. 희생이 없이는 사람의 마음을 얻을 수 없고 그 사람을 움직일 수가 없습니다. 일터와 가정과 매일 만나는 이웃들을 위해 희생의 삶을 살 때 리더십이 생깁니다.

다섯째, 여러 사람과 협력하십시오(고전 12:4-8). 일터는 유기적 공동체라 할 수 있습니다. 여러 사람이 각자 고유한 역할과 기능을 가지고 서로 연합하여 하나의 공동체를 이루고 있지요. 그리스도인은 천부적인 재능과 영적 은사 그리고 지식과 경험을 고려하여 직업을 선택하는 것이 좋습니다. 일터에 들어가면 그 일터의 목적, 가치 및 책임을 명확히 이해하고 그 안에서 자기의 역할이 무엇인지 알아야 합니다. 그 책임을 수행할 수 있는 능력과 자질은 물론이고 다른 사람을 도울 수 있는 탁월성을 갖춘다면 더욱 좋겠지요. 가장 중요한 것은 다른 사람들과 협력 관계를 유지하는 것입니다. 혼자 유기체를 이룰 수 없음을 기억하십시오.

여섯째, 하나님의 보상을 기대하십시오. 사람은 대가 없이 봉사활동을 하기도 하지만 직장에서 일할 때는 반드시 정당한 보상을 기대합니다. 하지만 때로 부당한 처우를 받기도 하지요.

이때 자존심이 무척 상하고 화가 납니다. 그러나 골로새서 3장 23-24절에는 주님이 주시는 보상이 있다고 말씀합니다. 우리가 한 일이 인정받지 못할지라도, 금전적 보상을 충분히 받지 못할지라도 주님이 보상하실 것을 믿어야 합니다. 그러려면 오래 참는 것이 필요합니다.

## 일반은총을 인정

일반은총이란 하나님이 창조한 모든 사람에게 공통적으로 주시는 은총을 말합니다. 이는 하나님이 그 아들 예수 그리스도를 믿는 사람에게만 주시는 특별은총과 대비됩니다. 일반은총은 쉽게 말하자면 하나님이 선인과 악인에게 동일하게 햇빛을 비추시고 의로운 사람이나 불의한 사람에게 똑같이 비를 내리시는 것과 같은 은총입니다(마 5:45).

로마서 1장과 2장은 인간이라면 누구든지 하나님에 대한 원초적인 지식을 공유하고 있다고 말합니다. 하나님은 피조물을 통해 그것을 만드신 하나님의 영원하신 능력과 신성을 드러내시고(롬 1:19-20), 인간의 마음에 하나님의 율법과 양심을 주셔서 그에 따라 행하게 하십니다(롬 2:14-15). 또한 하나님은 광대한 자연, 그리고 문화를 통해서도 인류에게 자신을 드러내 보이십니다. 신학자들은 이를 가리켜 '일반계시'라고 부르는데, 하나님이 모든 사람에게 자신을 드러내 보이시는 '일반은총'을 의미합니다.[30]

하나님은 사람들에게 지혜, 재능, 아름다움과 특별한 재주를 아무 공로 없이 거저 주십니다. 하나님이 창조하신 세상을 보존하고 풍요롭게 하기 위해 나누어 주시는 은혜입니다.

세상에는 예수를 믿지 않지만 높은 가치 기준을 가지고 멋들어진 상품이나 아름다운 예술 작품을 만들어 내는 사람들이 있지요. 또한 다른 종교를 갖고 있지만 그리스도인보다 더 착한 행실로 많은 이들에게 신뢰를 받는 사람들이 있습니다. 예를 들어, 유대인 공동체는 뉴욕시를 풍요롭게 만드는 데 크게 기여했습니다. 병원과 의료 혜택을 확장하고, 예술과 문화센터를 만들며, 노인들을 보살피고, 젊은이들을 길러 내는 탄탄한 사회로 이끌었습니다.[31]

예수님을 믿지 않는 이들이 어떻게 착한 일을 할 수 있나요? 하나님은 인간의 마음에 하나님의 율법과 양심을 주시고 그에 따르도록 명령하십니다(롬 2:14-15).

인간이 죄로 인해 타락했을지라도 하나님이 주신 율법과 양심이 완전히 없어진 것은 아닙니다. 이에 대해 장 칼뱅(Jean Calvin)은 이렇게 말했습니다.

"왜곡되고 타락한 인간의 본성에도 얼마간의 불꽃들이 어렴

풋이 타오르긴 하지만, 그럼에도 불구하고 그 광채는 지독한 무지에 가로막혀 제대로 빛을 내지 못한다. 인간의 정신은 둔해질 대로 둔해진 탓에 진리를 추구하고 발견하는 일에 얼마나 무능해졌는지 모른다."[32]

그렇지만 하나님의 일반은총으로 인간의 본성에는 아직도 하나님이 주신 양심이 있고 이 양심을 따르는 사람은 착한 일을 하게 됩니다.

그리스도인이 일반은총을 이해하고 인정하게 되면 삶에 여러 가지 유익이 있습니다.

첫째, 하나님이 베풀어 주시는 크고 놀라운 일반은총을 찬양하고 감사하게 됩니다. 사람은 하나님이 창조하시고 인간에게 맡기신 우주 만물과 자연의 아름다움을 경이롭게 바라보며 하나님을 찬양하지 않을 수 없습니다.

둘째, 사람들을 바라볼 때 믿음의 유무를 떠나 하나님의 형상과 모양을 가진 존재로 바라보며, 때로 믿지 않는 사람들이 윤리적으로나 사회적으로 그리스도인보다 유능하다는 것을 받아들일 수 있게 됩니다.

셋째, 기독교 세계 또는 기독교 문화에 갇혀 자급자족하는 데 만족하지 않고 더 넓은 세상, 다른 문화권으로 나아가게 됩니다.

넷째, 하나님이 인간에게 맡기신 세상을 관리하는 일에 예수

일터에서 그리스도인으로 사는 길

님을 믿지 않는 이들과 협력할 수 있습니다. 하나님은 페르시아 고레스왕의 마음을 감동시켜 예루살렘 성전을 건축하게 하셨습니다. 이를 계기로 이스라엘 백성이 바벨론 포로생활에서 벗어나 예루살렘으로 돌아올 수 있었습니다. 하나님도 믿지 않는 고레스와 협력하셨던 것입니다(대하 36:22-23).

하나님의 일반은총을 인정하면 그리스도인은 더욱 겸손해지고 다른 사람들을 포용하게 되며 보다 자유롭게 됩니다.₃₃

## 영지주의를 배격

오늘날 많은 사람은 왜 영적인 부분과 물질적인 부분, 혹은 종교적인 부분과 세속적인 부분으로 세계를 구분하는 관점을 갖게 되었을까요? 이런 관점은 뿌리가 매우 깊습니다.

우리가 아는 바와 같이 기독교는 갈릴리 지역과 예루살렘 인근의 전통적 유대 공동체에서 태동했습니다. 그런데 소아시아와 그리스 도시들과 유럽에 전파된 이후 기독교는 그리스 사상, 특히 철학자 플라톤의 사상에 상당한 영향을 받았습니다. 그는 물질계는 영계의 그림자라고 설명했습니다. 물질세계는 영원하고 진정한 영적 세계의 투사에 불과하다는 것입니다.₃₄ 이런 이원론적 세계관은 초대 교부와 이후 교회사에 영향을 미쳤고 기독교인들에게 이분법적 사고와 양자택일의 삶을 살게 했습니다.

영지주의는 극단적인 이원론의 한 형태라고 볼 수 있습니다. 영지주의는 물질세계는 악하고 불경하며, 육신은 신성한 요소들로 이루어진 참된 자아를 가두는 감옥 같은 존재라고 주장합니다.

영지주의에 영향을 받은 영지주의적 기독교는 그리스도 가현설로 알려진 교리를 믿었습니다. 이 교리는 물질세계는 악하므로 순전하고 신성한 그리스도는 단지 육신을 가진 듯이 보였을 뿐이며 신은 우리와 같은 육체를 가진 사람일 수 없다는 주장이었습니다. 그러나 기독교는 325년 니케아 공의회에서 말씀의 성육신 교리를 확립하여 그리스도의 온전한 신성과 온전한 인성을 확인했습니다(요 1:1-4). 이에 따라 영지주의는 기독교 교리적으로 정통성을 상실했지만 영지주의적 잔재는 후대 기독교 신앙이 발현되는 곳마다 그 모습을 여전히 드러내 왔습니다.

영지주의와 이원론은 다양한 경로로 주류 기독교 사상에 스며들었는데 수도원 생활의 발달도 그중 하나였습니다. 수도사들은 독거생활을 하면서 세상을 배격하고 거룩한 영역과 완벽하게 연합하기를 추구했습니다. 수도원의 발달은 기독교 교육과 선교에 크게 기여했지만 그 정신의 기초가 되는 이원론으로 인한 폐단도 많았습니다. 예를 들면, 수도사의 삶은 '완전한 삶'이고 일반인의 삶은 그저 '허용된 삶'이라는 인식이 퍼졌고, 교회는 곧 성직자와 수도사라는 해석으로 이어졌습니다. 이후 천년이 넘는 시간 동안 수많은 변화가 일어났음에도 아직까지 그 잔재가 남아 있습니다. 종교개혁에서 루터가 만인 제사장직을 주장했음에도 불구하고 아직도 여전히 많은 사람이 목회자에 비해 평신도는 영적으로 열등하다고 생각합니다.[35]

이처럼 영지주의와 이원론은 그리스도인의 신앙생활을 왜곡시켜 왔습니다. 이원론은 인간이 몸과 영혼으로 분리된 존재이고 하나님은 영혼에만 관심을 두신다고 믿습니다. 따라서 구원은 영혼 구원을 의미하며 하나님은 인간의 전 존재를 구원하는 일에는 관심이 없으시다고 생각합니다. 이원론적 사고는 인간의 감정과 이성 중에서 어느 한 부분을 지나치게 강조하기도 합니다. 어떤 이들은 이성만이 참되다고 말하며 감정은 일시적인 것이므로 속되다고 생각합니다. 다른 사람들은 개인의 감정과 경험을 강조하며 이성주의를 반대합니다.

또한 이원론적 사고는 목적과 수단을 분리할 수 있다고 부추깁니다. 그러나 성경은 의로운 목적을 위해 의로운 수단을 사용하라고 명령합니다. 그리고 이원론적 사고는 그리스도인이 예수 그리스도의 지상명령과 하나님의 창조 명령 중에서 양자택일을 하도록 잘못 이끌기도 합니다. 그러나 성경은 예수님의 십자가는 인간뿐만 아니라 만물을 그에게 회복시키는 능력이며, 복음 증거와 창조 세계를 돌보는 일은 하나로 통합된다고 말합니다.[36]

따라서 그리스도인은 영지주의와 이원론을 배격해야 합니다. 하나님은 영적인 요소와 물질적인 요소가 모두 담긴 우주를 창조하시고 보시기에 좋았다고 말씀하셨습니다. 하나님의 형상을 따라 창조된 인간은 마음과 생각과 뜻과 힘을 가진 존재입니다.

하나님의 아들 예수 그리스도는 육신을 입고 이 땅의 시간과 공간 속에서 사셨고, 육신을 입고 새 하늘과 새 땅을 여시며 다시 오십니다. 이 땅은 사라지지 않습니다. 대신 정결하게 된 땅, 새 땅이 됩니다. 하나님 나라는 지금 이곳에 이미 임했으나 아직 완성되지 않았습니다.[37] 위에서 살펴본 영지주의를 포함한 모든 이원론적 사고와 세계관은 성경적 세계관, 하나님 나라의 세계관으로 변혁되는 것이 필요합니다.


## 성경적 세계관


세계관은 말 그대로 세상을 바라보는 관점입니다. 여기서 세상은 우주, 만물, 인간, 그리고 인간이 만든 문화와 역사를 모두 포함합니다. 세계관에 따라 세상은 달리 보일 수 있습니다. 이것은 마치 빨간색 안경을 끼고 세상을 보면 세상이 온통 빨갛게 보이는 것과 같지요.

물질주의적 세계관에 따르면, 오직 물질적 실체만이 존재할 뿐이고 영적 실체는 없습니다. 이 세계관에 의하면 일은 다만 물질을 얻고 이를 소비할 수 있게 해주는 수단입니다. 일의 목적이 단순히 물질을 얻는 것이 되면 일은 돈에 의해 가치가 정해지고 돈이 우상이 됩니다. 일이 우상이 되면 사람들은 공허하고 무의미해지며 아무런 목적도 찾을 수 없게 되고, 이런 상태에서 도망치기 위한 수단으로 일에 중독되기도 합니다. 이런 사람은 결국 일에서 아무 즐거움도 얻지 못하며 고통과 허무만을 느낄 뿐입니다.

우리는 모든 피조물이 이제까지 함께 탄식하며 함께 고통을 겪고 있는 것을 알고 있습니다. 과연 우리에게 소망이 있나요? 성경은 전혀 새로운 세계관을 제시합니다. 하나님이 창조한 세상은 원래 하나님이 보시기에 좋았으나, 사람의 죄로 인해 타락해서 고통 가운데 있게 되었고 예수 그리스도의 은혜로 구속되었으며 장차 그리스도가 재림하는 날 완전히 새 하늘과 새 땅이 됩니다. 성경은 세상을 창조-타락-구속-완성이라는 관점에서 바라봅니다.

**창조** 성경은 세계가 우연히 생긴 것이 아니라 하나님이 창조하셨다고 선포합니다.

태초에 하나님이 천지를 창조하시니라 창1:1

하나님은 빛과 어두움, 하늘과 땅과 바다, 풀과 채소와 나무, 태양과 달과 별들, 밤과 낮, 물고기와 새, 땅에 기는 것, 짐승, 가축들을 창조하셨습니다. 마지막으로 하나님이 자기 형상 곧 하나님의 형상대로 사람을 창조하시되 남자와 여자를 창조하셨습니다. 하나님은 창조의 각 단계가 끝날 때마다 그 지으신 모든 것을 보고 '좋다'고 선포하시며 기쁨을 표현하셨습니다. 하나님이 창조하신 세상은 선하고 좋았고 하나님께 기쁨이었습니다.

**타락** 성경은 인간이 하나님을 믿지 않아 타락했고, 그 결과 세상 만물도 고통을 받게 되었다고 말씀합니다. 인간이 하나님을 믿지 않게 된 것은 뱀, 즉 사탄이 거짓말로 하와를 유혹했기 때문입니다. 하와와 아담은 사탄의 유혹에 넘어가 하나님의 말씀을 믿기보다 사탄의 거짓말을 믿었습니다. 결국 인간은 하나님을 떠나게 되었고 인간과 하나님의 관계는 깨져 버렸습니다.

인간의 죄는 사망을 불러왔고, 인간 안에 있던 하나님의 형상이 어그러지면서 인간의 정체성은 산산이 조각났습니다. 나는 누구인가, 나는 왜 사는가, 나는 죽으면 어떻게 되는가, 이런 질문에 대답하기 어렵게 되었지요.

또한 인간 사이의 관계도 망가졌습니다. 나 자신이 누구인지 알지 못하니 내 이웃이 누구인지 알지 못합니다. 탐욕, 시기, 증오, 살인, 전쟁이 횡행하고, 부모를 공경하지 않으며, 가정과 사회의 공동체성이 크게 훼손되기에 이르렀습니다.

그리고 인간과 물질세계의 관계도 어그러졌습니다. 타락한 인간은 물질세계를 돌보고 관리하는 청지기가 되는 대신 소비주의와 쾌락에 빠져 물질을 낭비하며 오염 물질로 지구환경을 파괴하고 있습니다.

**구속** 성경은 하나님이 그 아들 예수를 세상에 보내 인간의 죄를 대속하시고 세상을 구원하신다고 증거합니다.

하나님이 세상을 이처럼 사랑하사 독생자를 주셨으니 이는 그를 믿는 자마다 멸망하지 않고 영생을 얻게 하려 하심이라 하나님이 그 아들을 세상에 보내신 것은 세상을 심판하려 하심이 아니요 그로 말미암아 세상이 구원을 받게 하려 하심이라 요 3:16-17

예수 그리스도의 십자가는 인간의 죄를 대속하고 인간의 죄로 인해 타락한 세상을 구원하는 하나님의 뜻입니다. 성경은 이렇게 말씀합니다. "아버지께서는 모든 충만으로 예수 안에 거하게 하시고 그의 십자가의 피로 화평을 이루사 만물 곧 땅에 있는 것들이나 하늘에 있는 것들이 그로 말미암아 자기와 화목하게 되기를 기뻐하심이라"(골 1:19-20).

십자가의 구속은 인간과 인간 사이의 관계를 회복하여 이웃을 내 몸같이 사랑하고 원수마저 사랑하게 됨을 의미합니다(마 5:43-44). 또한 십자가의 구속은 하나님의 아들들, 즉 그리스도인들을 통해 피조물이 썩어짐의 종 노릇한 데서 해방되어 자유에 이르는 것을 뜻합니다(롬 8:19-21). 그리고 예수 그리스도의 십자가는 과거에 단번에 이룬 속죄이며 현재는 물론 세상 끝날까지 지속되는 영원한 속죄입니다(히 9:12, 26-28).

**완성** 성경은 예수 그리스도가 세상에 다시 오시면 하나님의 나라가 완성(consummation)될 것을 예언합니다.

또 내가 새 하늘과 새 땅을 보니 처음 하늘과 처음 땅이 없어졌고 바다도 다시 있지 않더라 또 내가 보매 거룩한 성 새 예루살렘이 하나님께로부터 하늘에서 내려오니 그 준비한 것이 신부가 남편을 위하여 단장한 것 같더라 계 21:1-2

예수 그리스도가 다시 오실 때 하나님 나라가 모든 영광 가운데 절정에 이르며(영광의 나라), 구원의 과정이 완성됩니다. 개인의 구원은 칭의(justification)로 시작되고 성화(sanctification)의 과정을 통해 계속되며, 마침내 그리스도가 다시 오실 때 영화(glorification)롭게 완성됩니다. 완성은 하나님 나라와 권세와 영광이 세상에 충만하게 되는 것을 뜻합니다. 예수님이 다시 오시는 때에 그의 뜻대로 행한 사람에게 상을 준다고 성경은 예언합니다.

> 보라 내가 속히 오리니 내가 줄 상이 내게 있어 각 사람에게 그가 행한 대로 갚아 주리라 계 22:12
> 그런즉 너희는 먼저 그의 나라와 그의 의를 구하라 그리하면 이 모든 것을 너희에게 더하시리라 마 6:33

## 일터 선교사의 삶

그리스도인은 세상 속으로 보냄 받은 선교사입니다. 예수님은 제자들을 세상으로 보내시며 "아버지께서 나를 보내신 것같이 나도 너희를 보내노라"(요 20:21) 하고 말씀하셨습니다. 그럼 예수님은 무엇을 위해 보내심을 받았습니까? 예수님은 하나님 나라의 복음을 전하기 위해 보내심을 받았습니다(눅 4:43).

'보내다'라는 동사의 원어는 '아포스텔로'(ἀποστέλλω)입니다. 이는 공식적으로 임무를 맡겨 보내는 것을 가리키는 말로, 본래 왕이 신하를 파견할 때 썼던 단어입니다. 중요한 사실은 예수님이 자신을 보냄 받은 자로 인식하셨다는 것입니다(눅 4:18, 요 3:17, 4:34, 5:24, 17:3). 이 '아포스텔로'의 라틴어 번역이 '미토'(mitto)이며, 여기서 오늘날의 '선교'(mission)란 말이 나왔습니다.

이런 뜻에서 보면 예수님은 하나님 나라 복음을 위해 세상으로 보냄 받은 최초의 선교사라 할 수 있습니다. 다시 말하면, 하나님 아버지가 보낸 최초의 하나님 나라 선교사는 예수님입니다. 그 예수님이 이제 제자들을 하나님 나라의 선교사로 보내시며 너희도 나처럼 하나님 나라의 복음을 전하라고 하십니다(요 17:18, 20:21).

하나님은 새 시대 새 역사의 장마다 새로운 사람들을 택하여 부르고 보내십니다. 우리 앞에 허다한 증인들이 있으므로 일일이 열거할 필요도 없습니다. 예수님이 바라시는 것은 하나님의 자녀들을 통해서 하나님의 이름이 칭송을 받고, 하나님의 나라가 확장되며, 하나님의 뜻이 하늘에서 이루어진 것처럼 땅에서도 이루어지는 것입니다.

주님이 오실 때까지 하나님 나라를 확장해 가는 것이 그리스도인들에게 맡겨진 특수 임무입니다. 따라서 그리스도인은 지금 살고 있는 삶의 현장에서 하나님 나라를 확장하는 선교사로서 살아가라고 보내심을 받은 사람들입니다.

나는 어디로 보내심을 받았나요? 나는 내가 지금(now) 살고 있는 이곳으로(here) 보냄 받았습니다. 내가 지금 살고 있는 삶의 현장은 매우 다양합니다. 그곳은 가정, 교회, 회사, 사회, 또는 정부일 수 있습니다. 그리고 그곳에서 다양한 일들을 하며 살아갑니다. 사람들은 대부분의 시간을 일터에서 보냅니다. 전업주부의 경우는 가정이 일터이고, 전임 목회자의 경우는 교회가 일터일 수 있습니다. 이렇게 생각하면 모든 사람은 일터에서 일하는 일꾼이라고 볼 수 있습니다. 따라서 나는 나의 일터로 보냄 받은 일꾼입니다. 예수님은 왜 나를 일터로 보내셨습니까? 예수님을 본받아 하나님 나라 복음을 전하기 위함입니다.

■ 묵상과 토의

1. 일터에서 하나님의 청지기로 일한다는 것은 무엇을 의미합니까? 일터에서 하나님의 청지기로서 기본 임무는 무엇입니까? 청지기는 주인과 어떻게 다릅니까?

_____

_____

_____

2. 루터가 말한 '만인 제사장직'의 의미는 무엇입니까? 만인 제사장직의 개념은 루터 당시에, 또한 오늘 한국의 현실에서 왜 중요합니까? 어떻게 만인 제사장직을 교회와 일터 속에 적용할 수 있을까 생각해 보십시오.

_____

_____

_____

3. 일반은총이란 무엇인가요? 이것을 인정하는 것이 왜 중요합니까? 나의 신앙생활이나 직장 생활에서 일반은총을 인정하지 않았던 부분은 무엇이며, 그것을 어떻게 인정할 것인가 생각해 보십시오.

_____

_____

_____

**4.** 영지주의란 무엇인가요? 교회나 사회에서 이원론적 세계관의 문제점을 생각해 보십시오. 우리 안에 들어와 있는 영지주의 및 이원론적 세계관을 어떻게 배격할 수 있을까요?

_____

_____

_____

**5.** 성경적 세계관의 내용은 무엇입니까? 성경적 세계관은 왜 중요합니까? 그것을 우리 삶에 어떻게 구체적으로 적용할까 생각해 보십시오.

_____

_____

_____

**6.** 일터 선교사란 누구입니까? 이런 인식이 왜 중요하다고 생각하십니까? 어떻게 보냄 받은 자의 삶을 살아갈 수 있을지 생각해 보십시오.

_____

_____

_____

## 한국교세라정공: 십자가 경영으로 일터교회가 되다

인천 남동구에 자리한 한국교세라정공에 들어서면 세 개의 깃발이 펄럭입니다. 태극기와 교세라그룹의 깃발 그리고 충신교회의 깃발입니다. 교회의 깃발은 회사가 하나님 나라와 의를 구현하는 일터교회임을 상징적으로 보여 줍니다.

모든 기업의 목표가 이윤 창출이지만 한국교세라정공의 목표는 '좋은 회사를 넘어 위대한 회사'가 되는 것입니다. 누구든 이곳에 오면 여기가 회사인지 교회인지 선을 긋기 어렵다고 말합니다. 뜨거운 기도가 있고, 열정적인 찬양이 있고, 하나님의 비전을 곳곳에서 볼 수 있기 때문입니다. 무엇보다 전 사원의 행복한 얼굴에서 일터도 교회가 될 수 있음을 단번에 느끼게 됩니다.

한국교세라정공은 최첨단 절삭공구를 국산화하여 경쟁력 있는 제품을 생산할 뿐 아니라 탁월한 토털 툴링(Total Tooling)의 기술력으로 국내뿐 아니라 해외시장에서도 주목받고 있는 연 매출 1천억이 넘는 중견기업입니다. 창립 후 20년간 매년 지속적인 성장을 했으며 제조업으로는 달성하기 어려운 두 자리 숫자의 높은 이익율의 성과를 냈습니다.

그런데 이 성과는 기독교적 경영철학을 바탕으로 사랑의 공동체가 이룩한 것입니다. 한국교세라정공은 일본 교세라 그룹의 경영 방법인 '아메바 경영'을 수직적 성장의 동력으로 삼고, 사랑의 공동체를 경영에 도입한 '십자가 경영'으로 수평적 성숙을 이루어

가고 있습니다.

하지만 한국교세라정공이 처음부터 십자가 경영을 표방한 것은 아닙니다. IMF 위기가 그 계기가 되었습니다. 전희인 대표가 위기를 맞아 하나님께 회사를 살려 달라고 간청했을 때 하나님의 뜻밖의 질문을 듣게 되었습니다.

"정말 너희 회사 사람들을 사랑하느냐? 네게 맡긴 사원들의 영혼을 위해서 너는 무엇을 하였느냐? 몇 명이나 구원시켰느냐?"

이 질문 앞에 전 대표는 무릎을 꿇었고, 사장인 자신에게 맡기신 하나님의 소명은 바로 '사원들의 영혼 구원'임을 깨달았습니다. 하나님의 소명을 깨닫고 회개한 후 기적처럼 회사에 새 길이 열렸습니다. 수십조 원의 매출을 올리는 교세라 그룹으로부터 합작을 하자는 놀라운 제안을 받게 된 것입니다. 뿐만 아니라 200억 이상의 기술 및 투자 유치를 해주어 마침내 한국교세라정공을 탄생시켰습니다. 전 직원에게 안정적인 직장을 제공함과 동시에 회사로서는 위기를 넘어 일터교회를 만드는 좋은 기회를 맞게 되었습니다.

"하나님은 우리 삶의 현장을 하나님의 나라로 변화시키길 원하셨습니다. 직원들의 생계만 책임지는 기업을 뛰어넘어 직원들의 영혼까지 책임지길 원하셨습니다. 예수 그리스도의 십자가 사랑으로 사랑의 공동체를 만들기를 기다리신 것입니다. 한국교세라정공을 통해 예배가 이루어지고 사역이 이루어지는 기업으로 만들기 위한 하나님의 계획하심이 있으셨습니다."

전 대표의 이 고백에서 하나님의 놀라운 섭리를 읽을 수 있습니다. 이 모든 것이 하나님의 은혜임을 알기에 전 대표는 '삶의 현장에서 하나님의 나라와 의가 구현되는 사랑의 공동체가 되는 것'이 기업의 비전이며 존재가치임을 전 사원에게 알리고 기업도 일하는 교회가 될 수 있다는 '일터교회'를 선포했습니다.

회사의 조직도 새롭게 개편했습니다. 기업의 성장을 추구하는 업무 중심의 수직 구조와 예수님의 사랑 안에서 서로 돕는 수평 구조를 접목하여 십자가 경영을 시작한 것입니다. 현재 업무 중심의 회사조직으로 기획, 영업, 생산, 기술본부 4개의 본부 및 45개의 아메바팀이 있고, 수평적으로는 420명의 전 사원이 26개 사랑의 공동체의 셀 조직으로 구성되어 있습니다. 모든 사원이 업무적인 부서팀과 사랑의 공동체팀에 동시에 소속되어 있는 것입니다.

십자가 경영은 타 부서원들과 자연스럽게 소통하고 교제하게 만듦으로써 업무 수행에 큰 도움이 되고 있습니다. 원활한 소통이 효율적인 업무와 기업의 성장으로 자연스럽게 이어지는 것입니다. 이를 통해 고수익 성장의 성과와 함께 기업과 전 사원이 성숙의 열매를 취하게 되었습니다.

수평적인 사랑의 공동체 26개팀은 지난 20년간 리더와 부리더를 중심으로 기수마다 총 78명이 헌신하여 꾸려 가고 있습니다. 또한 매년 어떤 평가로 공동체를 성숙시킬 것인지를 자율적으로 고민하고 협의하여 운영하고 있습니다.

수직적인 아메바 경영은 4개의 본부장 중심으로 경영되고, 그 밑으로는 아메바팀이 팀장을 중심으로 자율적인 경영을 하고 있습니다. 과장급 이상의 중간관리자 100여 명이 8개 조로 나뉘어

일터에서 그리스도인으로 사는 길

매월 한 차례 만나 회사의 성장을 위해 무엇이 필요하고 어떤 노력이 필요한지를 협의하고 있습니다. 여기서 제안된 것들이 임원진에 보고되면 검토해서 경영에 반영하고 있습니다. 다른 부서라 하더라도 사랑의 공동체로서 이미 만났고 만나고 있는 관계이기에 업무적인 이해와 협조가 순조롭습니다. 이 같은 자발성과 자율성은 교세라정공의 자랑입니다.

한국교세라정공은 예배 공동체, 사랑 공동체, 선교 공동체로 정의할 수 있습니다. 먼저 예배 공동체를 위해 전 사원이 매주 월요 예배로 한 주를 시작합니다. 예배에 참석하는 외부 방문자들은 교회보다 더 뜨거운 열기에 놀라곤 합니다. 예배 섬김은 26개 사랑의 공동체가 돌아가며 담당합니다. 예배실 청소와 정리부터 사회, 기도, 특송, 안내, 헌금까지 모든 부분을 사랑의 공동체가 섬기고 있습니다.

또한 전 사원은 매일 경건의 시간으로 하루를 엽니다. 아메바 팀별로 업무 시작 전에 전 사원이 동일한 말씀을 가지고 묵상하고 기도하며 하루를 여는 것입니다. 16년간 〈생명의 삶〉과 〈하나님의 뜻을 따라〉를 교재로 삼아 큐티를 진행하고 있으며 몇 년 전에는 전 사원이 경건의 시간을 통해 성경통독을 마쳤습니다. 이 훈련들을 통해 말씀이 일하는 삶의 현장에 적용되고 실천되고 있습니다.

일터교회를 구성하는 가장 중요한 조직인 사랑의 공동체는 총 26명의 리더가 인도하고 있습니다. 리더는 사장이 직접 임명하며, 이들의 제자 양육을 20년간 사장이 직접 인도하고 있습니다. 리더들은 1년 6개월마다 제비뽑기를 통해 26개팀의 사랑의 공동체를 구성하고 섬깁니다. 사랑의 공동체 모임은 매주 월요일에 갖는데 이 모임을 통해 삶의 교제가 이루어지고 있습니다.

사원뿐 아니라 사원의 가족까지도 섬기기 위해 다양한 노력을 하고 있으며, 이웃 섬김도 사랑의 공동체를 통해 이루어지고 있습니다. 모든 공동체는 1가정 혹은 1단체를 섬기는 훈련을 합니다. 현재 9가정의 독거 어르신과 장애우 가정을 섬기고 있고, 4개의 외국인 선교회를 섬기고 있습니다.

선교 공동체를 위한 노력도 뜨겁습니다. 지난 20년간 200명이 넘는 사원이 입사 후 영접을 하였습니다. 전 대표는 이 구원의 열매가 가장 보람되고 의미 있다고 말합니다. 전 직원의 90%가 예수님을 영접했고, 50% 이상이 제자 양육을 마친 상태입니다. 회사의 비전을 공유하고 기도하는 사원이 그만큼 많아진 것입니다.

매주 월요일에 드리는 예배를 통해 드려진 헌금과 연초에 약정한 선교헌금을 통해 지금은 국내뿐 아니라 일본과 스리랑카까지 선교의 영역을 확장하고 있습니다. 공동체별로 2명씩 자원하여 총 52명의 중보기도팀이 1년 365일 회사와 사원들을 위해 매일 기도의 끈을 이어 가고 있습니다.

신앙에 대해 한 번도 생각해 보지 않은 이들은 왜 자꾸 일터교회라고 하는지 의문을 갖지만, 일을 하다 보면 그 까닭을 자연스럽게 깨닫게 됩니다. 기대 이상의 관심과 사랑으로 섬겨 주는 공동체와 동료들을 보며 하나님과 하나님 나라가 궁금해지고 그러다가 신앙이 자라게 되는 것입니다.

사랑의 공동체 리더는 영접하기를 희망하는 팀원에게 4영리를 통해 영접을 도와주고 매주 설교를 전하러 오시는 목사님에게 축복기도를 받도록 합니다. 그러면 대표는 전 사원에게 피자를 돌려 한 사람의 영혼이 돌아온 기쁨을 나눕니다. 한편, 공동체의 섬김을 응원하기 위해 매월 평가를 통해 최우수 공동체에게 해외여행을 보내 주고 있습니다.

지난 2018년 10월 창립 20주년을 맞아 20년 이상 근무한 사원을 대상으로 '일터교회가 그들에게 어떤 변화를 주었는지'에 대해 설문 조사를 했습니다. 다음은 그 답변입니다.

"일터교회를 통해 함께 음식 먹는 것을 넘어 하나님의 마음을 먹게 되었습니다."

"서로 좋은 영향력을 주고받는 것이 무엇인지 일터교회를 통해 깨달았습니다."

"삶의 감사를 나누는 시간이 있고, 하나님이 일하시고 있음을 경험했습니다."

"균형 있는 성장과 성숙한 삶을 이룰 수 있었고 비전을 발견하게 되었습니다."

"가족과 같은 행복과 즐거움이 일터 안에 있음을 알게 되었습니다."

"경쟁보다는 배려가, 먼저보다는 함께가 어울리는 곳이 여기라고 생각했습니다."

"세상에 나아가 삶으로 예배할 수 있는 작은 하나님 나라가 일터교회입니다."

"20년간 제자 양육을 사장님께 받으며 신앙과 일상의 균형을 배우는 멋진 일터."

"사랑의 섬김을 배워 가는 이곳이 내 인생의 가장 소중한 직장, 일터교회입니다."

# 6

## 하나님 나라의 깃발을 높이 들다

◇ 　　마태복음 6장 33절

그런즉 너희는 먼저 그의 나라와 그의 의를 구하라 그리하면
이 모든 것을 너희에게 더하시리라

교회는 왜 존재할까요? 사람들은 교회가 왜 있느냐고 묻습니다. 교회는 곧 성도를 말합니다. 따라서 사람들이 교회의 존재이유를 묻는 것은 그리스도인은 무엇을 위해 사느냐는 질문으로 봐도 좋을 것입니다.

사람들은 돈, 권력, 쾌락을 위해서 사는 듯합니다. 그러나 예수님은 너희는 먼저 하나님 나라와 의를 구하라고 말씀하십니다. 예수님의 말씀을 따라 이 책의 마지막 장에서는 교회의 하나님 나라 운동을 생각해 보려고 합니다. 구체적으로 교회의 존재 목적 바로 세우기, 하나님 나라의 신비 이해하기, 하나님 나라의 가치 교육하기, 구별된 삶으로 증거하기, 크리스천 리더십 개발하기, 공동체 세우기 등 여섯 가지 하나님 나라 운동을 제안합니다.


## 교회의 존재 목적


### ■ 성도가 곧 교회입니다

교회(ecclesia)란 무엇입니까? 신약성경에서 에클레시아(ecclesia)는 '밖으로'라는 뜻의 에크와 '부르다'라는 뜻의 클레아시아가 합쳐진 말입니다. 즉 교회란 하나님의 부르심을 받은 사람들을 뜻합니다. '에클레시아'는 신약성경에서 모두 115번 사용되는데 사도행전에서 가장 많이 사용되었고(24번), 그다음으로 고린도전서(22번), 요한계시록(20번) 순으로 많이 사용되었습니다.

그런데 '에클레시아'의 뜻은 알지만 교회란 무엇인가 한마디로 설명하려면 쉽지 않습니다. 학자들은 신약성경을 통틀어 공통된 교회론을 제시하기보다 각 책의 내용과 관점에 따라 다양한 교회론을 펴곤 합니다.[38] 한 가지 분명한 것은, 예수 그리스도가 말씀하신 교회는 성전이나 건물, 좀 더 넓혀서 어떤 장소를 의미하지 않는다는 것입니다(마 16:18, 24:1-2, 요 2:19-21).

그런데 우리는 교회 간다고 말할 때 건물을 떠올리게 됩니다. 한국 교회는 교회를 건물 또는 예배당 중심으로 이해하는 경향이 있습니다. 그것은 교회를 구약적 배경의 성전으로 이해하는 목회자가 아직도 한국 교회에 많기 때문이겠지만, 전통적으로 한국 교회가 교회 건축을 중요하게 생각해 왔기 때문이기도 합니다.

이제 성전 중심의 교회관은 변혁되어야 합니다. 예수 그리스도가 "이 성전을 헐라 내가 사흘 동안에 일으키리라" 말씀하셨던 것처럼 이제 건물 중심의 교회관을 허물고 새로운 교회관을 다시 세워야 할 때입니다. 교회는 성전이나 건물이 아닙니다. 교회는 하나님의 부르심을 받은 '사람들'입니다. 교회의 본질은 건물이 아니라 사람들, 즉 성도들입니다. 성도들이 곧 교회라는

'성도 교회론'은 교회(ecclesia)의 본질을 가장 잘 표현하고 있다고
생각합니다.

신약성경은 '성도 교회론'을 지지합니다(고전 1:2, 엡 1:1, 빌 1:1,
골 1:2, 벧전 1:2). 여기서는 교회의 본질이 성도라는 의미를 신약
성경을 통해서 구체적으로 살펴보겠습니다.[39]

첫째, 교회는 '하나님의 백성'입니다. 교회는 하나님이 선택
해서 부르신 사람들, 그의 소유된 백성(벧전 2:9)이라는 말입니
다. '새 이스라엘'(갈 6:15-16), 아브라함의 자손들(갈 3:29), '남은
자'(롬 9:27) 사상은 모두 하나님의 백성으로서의 교회를 지칭합
니다. 하나님의 백성이란 피로 맺은 언약에 의해 선택된 백성이
며, 하나님의 율법에 충실한 백성을 지칭합니다.

둘째, 교회는 '새로운 피조물'입니다(고후 5:17). '새 피조물'은
예수 그리스도를 믿고 영생을 얻는 거듭남으로 말미암습니다.
새로운 피조물로서 교회는 예수 그리스도를 따르는 삶의 변화
는 물론, 세계를 보는 관점에서도 전적으로 새로운 시각을 갖고
행동하게 되며, 하나님의 선교에 참여하는 존재가 되는 것을 포
함합니다.

셋째, 교회는 '그리스도의 몸'입니다. 교회는 그의 머리이신
그리스도의 다스림을 받고(엡 1:22-23), 세상에 파송되어 만물 가
운데 머리 되신 그리스도를 대표합니다(엡 6:10-20). 몸인 교회의
지체로서 각 성도는 하나님의 아들을 믿는 것과 아는 일에 하나

일터에서 그리스도인으로 사는 길

가 되어 온전한 사람을 이루어 그리스도의 장성한 분량이 충만한 데까지 이르러야 하며(엡 4:13), 이를 위해 오직 성령의 충만을 받아야 합니다(엡 5:18).

넷째, 교회는 그리스도의 신부입니다(고후 11:2-3). 바울은 교회를 아내로, 그리스도를 남편으로 비유합니다. 계시록에서는 메시아 시대를 이스라엘과 하나님의 혼인 시대로 서술합니다(계 19:7-9). 그러나 에베소서에서 신부의 표상은 승천하신 그리스도상과 결합되어 있습니다. 세례를 통해 깨끗하게 된 영광스러운 교회는 티나 주름 잡힌 것이 없이 거룩하고 흠이 없어야 합니다(엡 5:26-27). 이런 점에서 교회는 '거룩한 교회'(sancta ecclesia)입니다.

## ■ 리더십의 변혁이 필요합니다

한국 교회는 세계 선교 역사에서 유례가 없는 고속 성장을 해 왔습니다. 그러나 통계에 의하면, 1995년을 정점으로 그 성장을 멈추고 침체기를 지나 이제는 쇠퇴기에 들어선 것으로 보입니다. 양적 지표뿐만 아니라 질적 지표 또한 한국 교회에 경고 신호를 보내고 있습니다. 기독교윤리실천운동이 발표한 '한국 교회의 사회적 신뢰도 조사'에 의하면 한국 교회에 대한 우리 사회의 신뢰도는 20% 미만으로 나타났습니다. 한국 교회를 신뢰하지 않는 가장 큰 이유로는 '언행일치가 되지 않아서' '교회 내부적 비리/부정부패가 많아서'라고 응답하였습니다. 이런 결과는 그동안 한국 교회가 과거의 양적 성장에 취해서 질적 성숙을 위해 돌아보지 않았음을 보여 줍니다.

과연 교회의 성숙이란 무엇일까요? 교회는 결코 건물이 아니고, 목사나 장로가 교회를 대표하는 것이 아닙니다. 교회의 본질은 하나님의 백성, 곧 성도라 할 것입니다. 그렇다면 교회의 성숙이란 성도들의 성숙을 의미합니다. 성숙한 교회가 되기 위해서는 성도들이 범사에 예수에게까지 자라야 할 것입니다. 즉 교회는 작은 예수를 지향해야 합니다.

성숙을 위해 교회를 개혁할 책임은 누구에게 있을까요? 성도를 온전케 하고 예수 그리스도의 장성한 분량에 이르도록 이끌어 갈 책임은 목회자에게 있습니다(엡 4:12-13).

성숙한 교회를 위해서는 교회 지도자들이 먼저 변혁되어야 합니다. 한국 교회의 벌거벗은 수치의 원인은 대부분 교회의 양적 성장과 개인의 탐욕에 눈이 먼 교회 지도자들에게 있다고 생각합니다. 그러므로 지도자들이 먼저 그들의 수치를 바로 볼 수 있도록 안약을 사서 눈에 발라야 합니다. 그리고 그들의 벌거벗은 수치가 보이지 않게 흰옷을 사서 입어야 합니다. 그러려면 지도자들이 열심을 내고 회개해야 합니다. 눈을 떠서 이 시대 한국 교회를 향한 하나님의 비전을 발견하고 이를 실현할 수 있는 성령의 능력과 리더십의 은사를 받아야 할 것입니다.

일터에서 그리스도인으로 사는 길

또한 목회자는 예수 그리스도의 팔로워십과 리더십을 올바르게 배우고 실천하는 것이 중요합니다. 저성장 시대에 불안하고 절망하며 분노하는 사람들에게 예수님처럼 하나님 나라를 선포하는 목회자가 한국 교회에 절실히 필요합니다.

## ■ 교회의 존재 목적은 하나님 나라입니다

어느 조직의 존재 목적을 흔히 미션(mission)이라고 말합니다. 교회에서 '미션'이라는 용어는 존재 목적, 그리고 선교의 이중적 의미를 가집니다. 그것은 교회의 존재 목적=선교라는 것을 단적으로 나타냅니다. 본래 'mission'이라는 단어는 그 용법상 '사명'이라고 번역하는 것이 적합합니다. 라틴어 어원의 변천은 '보내기, 보내지기'의 뜻에서부터 시작하여 '사절: 보냄을 받은 사람 또는 단체'라는 의미를 함축하게 되고, '사명: 사절에게 부과된 일'이라는 의미를 갖게 되었습니다.[40] 따라서 교회의 미션 (mission), 즉 선교는 주체(누가), 객체(누구를), 임무(부과된 일)에 따라 그 의미가 구체적으로 해석됩니다.

선교의 주체는 하나님이고, 하나님은 교회에 선교(mission)를 부탁하셨습니다. 그러므로 교회는 하나님의 선교를 맡은 사절입니다. 교회는 원래부터 그 자신에게 궁극적인 존재 의미와 목적을 가지고 있지 않았습니다.

보쉬(David Bosch)의 말대로 선교는 교회론이나 구원론 이전에 삼위일체론에 근거한 것이며, 선교는 교회의 기본적 사역 이전에 이미 하나님 자신의 속성입니다. 하나님이 선교의 주체이기에, 선교가 있기 때문에 교회가 있는 것이지 교회가 있기 때문에 선교가 있는 것이 아닙니다. 칼 바르트(Karl Barth)도 "복음을 증거하지 않는 교회는 아직 교회가 아니며, 또는 이미 교회가 아니거나 죽은 교회"라고 했습니다.41

교회의 존재 목적은 선교입니다. 그러나 지금까지 교회는 선교 중심이라기보다는 예배 중심, 설교자 중심이었습니다. 이제는 모이는 교회에서 '흩어지는 교회'로 패러다임을 전환해야 합니다. 즉 교회 사역의 중심이 모임 중심에서 선교 중심, 평신도 중심으로 이동되어야 하고 모든 활동과 자원이 거기에 맞게 조정되어야 합니다.

선교의 주체가 하나님이고, 교회는 선교를 위한 사절이라면, 선교의 내용은 무엇일까요? 그것은 한마디로 하나님 나라입니다. 오랫동안 풀러신학교에서 선교를 가르친 셍크(W. Shenk)는 "모든 문화와 시대를 통하여 우리가 추구하는 선교는 하나님의 나라를 목표와 내용으로 하고 그 방식은 성육신적으로 하는 것"이라고 말했습니다. 예수님은 '내가 하나님의 나라 복음을 전하여야 하리니 나는 이 일을 위해 보내심을 받았다'(눅 4:43)고 말씀하셨습니다. 예수님이 가르쳐 주신 기도에도 "나라가 임하옵시고 뜻이 하늘에서 이룬 것같이 땅에서도 이루어질 것"이

일터에서 그리스도인으로 사는 길

성도가 가장 먼저 간구할 내용으로 나옵니다. 결국 예수님의 선교의 중심은 하나님 나라입니다. 교회는 예수님의 뜻을 따라 하나님 나라를 구현할 사명이 있습니다.[42]

## 하나님 나라의 신비

'천국(天國)' 하면 무엇이 떠오르나요? 많은 사람이 천국 하면 '예수 믿는 사람이 죽으면 가는 곳'을 떠올립니다. 성경은 무엇이라 말씀하나요? 성경에서 '천국'은 주로 마태복음에 나옵니다. 그러나 같은 구절이 다른 복음서의 평행 본문에는 '하나님 나라'라고 표현된 경우가 많습니다. 다시 말해 천국과 하나님 나라는 같은 말입니다.

하나님 나라는 신약성경에 98회나 나올 만큼 예수님의 핵심 메시지이며 성경 전체를 관통하는 아주 중요한 주제입니다. 그런데 예수님은 하나님 나라를 대체로 비유와 행동으로 가르치셨습니다. 예수님은 '하나님의 나라가 가까이 왔다'(마 4:17, 막 1:15)거나 '하나님의 나라는 …와 같다'고 말씀하셨지 '하나님의 나라는 …이다'라고 분명하게 정의한 적이 없습니다. 그래서인지 오늘날 하나님 나라에 대한 올바른 이해가 부족합니다.

하나님 나라는 여러 가지 의미에서 신비입니다. 예를 들어

성경은 하나님 나라를 현재적이면서 동시에 미래적인 것으로 말씀하고 있습니다. 어떻게 그럴 수 있는지 설명하기가 쉽지 않습니다. 따라서 그것은 신비라고 말할 수밖에 없습니다. 신학자 하워드 스나이더(Howard A. Snyder)는 하나님 나라의 신비에 있어서 중심이 되는 여섯 가지 근본적인 긴장 관계를 제시합니다.[43]

첫째, 현재적인가 미래적인가? 예수님은 하나님의 나라가 가까이 왔다고도 하셨지만(막 1:15) 동시에 우리가 하나님 나라가 오도록 기도해야 한다고도 말씀하셨습니다(마 6:10).

둘째, 개인적인가, 사회적인가? 예수님은 하나님 나라가 각 사람이 찾아야 할 숨은 보화와 같다고 말씀하셨습니다(마 13:44). 그러나 "적은 무리여 무서워 말라 너희 아버지께서 그 나라를 너희에게 주시기를 기뻐하시느니라"(눅 12:32)라고도 말씀하셨지요. 뿐만 아니라 하나님 나라를 보려면 거듭나야 한다고 말씀하셨습니다(요 3:3). 그리고 하나님 나라를 함께 나누어야 할 잔치로 설명하기도 하셨습니다(눅 13:29).

셋째, 영적인가, 물질적인가? 바울은 혈과 육은 하나님 나라를 유업으로 받을 수 없다고 말했고(고전 6:10), 예수님은 내 나라는 이 세상에 속한 것이 아니라고 말씀하셨습니다(요 18:36). 그러나 예수님은 희년의 치유 및 해방을 자신과 관련시키셨으며(눅 4:18-21), 요한계시록은 하나님의 백성들이 땅에서 왕 노릇 할 하나님 나라에 대해서 말씀하고 있습니다(계 5:10).

일터에서 그리스도인으로 사는 길

넷째, 점진적인가, 급진적인가? 예수님은 하나님 나라가 밭에서 조금씩 자라는 씨앗과 같다고 말씀하셨습니다(막 4:26-28). 그러나 예수님은 또한 하나님 나라의 도래가 밤중에 도착하는 신랑을 알리는 소리와 같을 것이라고도 말씀하셨습니다(마 25:1-6).

다섯째, 하나님의 행위인가, 인간의 행위인가? 하나님의 나라는 회계하러 돌아오는 왕과 비슷합니다(눅 19:11-27). 다스리고 통치하는 분은 하나님입니다(시 99:1-2). 그러나 하나님의 나라는 또한 우리가 추구해야 하는 어떤 것이고(마 6:33), 그리스도인들은 하나님 나라를 위해 함께 일하는 자가 될 수 있습니다(골 4:11).

여섯째, 하나님 나라와 교회는 어떤 관계인가? 교회와 하나님 나라는 본질적인 면에서 동일한 것으로 또는 분명하게 다른 것으로 보는 견해 사이에서 긴장이 있습니다. 예수님은 사도 베드로에게 "내가 천국 열쇠를 네게 주리니"라고 말씀하셨습니다(마 16:19). 그러나 예수님은 하나님 나라를 미래적인 것으로 말씀하셨고 자기에게 예배하는 모든 사람이 아니라 하나님의 뜻대로 행하는 사람들만 하나님 나라에 들어갈 수 있다고 말씀하셨습니다(마 7:21).

스나이더는 위와 같은 긴장 관계를 희석시키거나 한 측면 또는 다른 측면을 완전히 배제하는 하나님 나라의 신학은 그만큼 비성경적이라고 말합니다. 그는 성경적으로 믿을 만하고 성경적으로 유용한 하나님 나라의 신학은 어느 정도 이런 긴장 관계를 유지하는 것이라고 주장합니다.

**■ 하나님 나라의 세 가지 측면**

학자들이 이해하는 하나님 나라는 각자 단편적으로 어느 한 측면만을 강조하고 있을 뿐입니다. [표 4]는 하나님 나라가 언제, 어디에 임할 것인가를 이해하는 데 있어서 학자들의 세 가지 견해를 보여 주고 있습니다. 즉 역사적 왕국, 종말론적 왕국, 영적 왕국이 그것입니다.

[표 4] 하나님 나라의 세 가지 측면

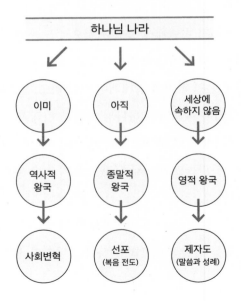

첫째, 역사적 왕국(historical kingdom)은 하나님 나라가 이 땅에 이미 왔다(already)고 이해합니다. 하나님 나라는 2천 년 전 예수님과 함께 이 세상 역사 속으로 이미 침투했다는 해석입니다. 이런 시각은 하나님 나라의 현재성을 강조하며, 복음이 타락한 인간은 물론 사회를 선하게 회복시킨다고 믿습니다. 따라서 그리스도인은 사회변혁에 대해 책임이 있고 이를 위해 적극적으로 사회에 참여해야 한다고 주장합니다. 그러나 이런 관점은 지나친 인본주의에 빠질 우려가 있습니다. 한때 산업혁명이 가져온 변화를 보며 이 세상에 낙원을 이룩할 수 있다는 풍조가 있었지만, 세계대전과 같은 커다란 실패를 경험한 이후 하나님 없이 인간 홀로 다스리는 세상은 결코 천국이 될 수 없다는 것을 깨닫게 되었습니다.

둘째, 종말적 왕국(eschatological kingdom)은 하나님 나라가 이 땅에 아직 오지 않았다(not yet)라고 이해하는 관점입니다. 주님 다시 오시는 날 비로소 완성될 하나님 나라를 강조하는 견해입니다. 이런 시각은 하나님 나라의 미래성에 주목하며, 그리스도인은 복음 전파에 힘써야 한다는 복음주의(evangelism) 입장을 지지합니다. 이 견해는 우리가 살고 있는 세상에 큰 의미를 두지 않을 수 있다는 단점이 있습니다. 마지막 때가 곧 닥친다고 생각하는 이들에게는 환경, 빈곤, 불의와 같은 시대적 문제에 대처할 여유가 없기 때문입니다. 이 땅에서의 직업이 사소하고 무의

미한 것으로 간주되고 오직 복음을 전하는 것이 최고로 가치 있는 일이 됩니다. 따라서 이런 관점에서 보면 그리스도인의 사회 참여는 이상하게 여겨집니다.

셋째, 영적 왕국(spiritual kingdom)은 하나님 나라가 이 땅과 관계가 없고(not of this world), 영적으로 경험된다는 관점입니다. 이런 시각은 하나님 나라의 영적 측면을 강조하며 하나님 나라의 선취를 주장합니다. 선취는 미래 다가올 하나님 나라를 현재 부분적으로 경험하고 있다는 뜻입니다. 이는 하나님 나라의 미래성과 현재성을 중재하는 입장입니다. 그러나 이 견해의 단점은 물질적인 측면을 무시하고 영적인 측면을 중시하면서 개인의 경건 생활과 헌신을 강조함으로써 영지주의에 빠질 우려가 있습니다. 영지주의에 관해서는 앞에서 설명한 바 있습니다.

위의 세 측면 모두 하나님 나라의 어느 한 측면만을 강조하고 있습니다. 따라서 바람직한 관점은 세 가지 측면을 모두 통합해 보는 것입니다. 전체를 통합해 보면 하나님 나라는 하나님이 통치하시는 곳이면 어디에나 존재한다는 것입니다. 시간, 공간, 영역의 제약이 없이 어디에나 하나님 나라는 존재합니다. 하나님은 하늘의 왕인 동시에 땅의 왕이십니다. 하나님은 과거의 주인이며 현재와 미래의 주인이십니다. 하나님은 영적 영역과 물질적 영역 어디에나 살아 계시며 현존하시고 통치하시는 분입니다.

# 하나님 나라의 가치

가치(value)는 인간 행동에 영향을 주는 어떤 바람직한 것, 또는 인간의 욕구를 만족시킬 수 있는 대상을 의미합니다. 그런 가치에는 재화나 상품과 같이 경제적인 만족감을 주는 경제적 가치, 육체의 쾌적함이나 건강을 추구하는 육체적 가치, 그리고 인간의 정신적 활동과 욕구에 만족을 주는 정신적 가치가 있습니다. 어떤 가치를 가지고 있느냐가 그 사람의 행동에 영향을 미칩니다. 그리스도인의 행동에 영향을 미치는 가치는 매우 많아서 모두 설명하기는 어렵습니다. 그래서 여기서는 하나님 나라를 구현하기 위해 교회가 가르치고 지켜야 할 가치를 알아보려고 합니다.

## ■ 하나님의 주권

성경학자들은 '하나님 나라'는 하나님의 역동적인 통치 또는 다스림이라고 정의합니다. 하나님의 통치는 하나님의 계획과 권위와 능력으로 이루어집니다. 우리가 주기도문에서 보는 대로 나라와 권세와 영광이 하나님 아버지께 영원히 있습니다.

하나님 통치의 주체는 오직 하나님입니다. 하나님은 우주와 천지 만물과 사람을 창조하시고 지금도 섭리하십니다. 어떤 피조물도 하나님의 통치를 거역할 수 없고, 그의 통치는 영원합니다. 하나님의 피조물인 사람은 하나님의 통치 대상이거나 부르심에 참여할 뿐입니다. 그리스도인은 하나님 나라의 백성으로서 겸손히 하나님의 통치 아래 있어야 합니다. 하나님은 우리의 창조주이시며, 우리의 왕이시고, 주인이십니다.

## ■ 구원

성경은 "하나님이 세상을 이처럼 사랑하사 독생자를 주셨으니 이는 그를 믿는 자마다 멸망하지 않고 영생을 얻게 하려 하심이라 하나님이 그 아들을 세상에 보내신 것은 세상을 심판하려 하심이 아니요 그로 말미암아 세상이 구원을 받게 하려 하심이라"(요 3:16-17)고 말씀합니다. 구원은 하나님의 사랑에서 비롯됩니다. 구원은 그 아들 예수 그리스도의 십자가 구속으로 인한 선물입니다.

죄인인 우리는 영생과 구원과 의롭다 하심(칭의)을 오직 은혜로, 하나님의 용서로 얻는 것이지, 우리의 어떤 행위로 값을 주고 사는 것이 아닙니다. 누구든지 하나님의 아들 예수 그리스도를 믿으면 영생과 구원을 얻습니다. 구원받은 사람은 의롭다 함(칭의)을 얻고, 예수 그리스도를 닮아 가며(성화), 마침내 그리스도처럼 영화롭게 됩니다(영화). 이런 구원의 전 과정에서 성령님이 역사하십니다.

## ■ 성령의 도우심

성령은 하나님 나라 선교의 주체이며 인간의 구원을 이루시는 분입니다. 예수님의 생애에서 중요한 사건은 성령의 활동과 관련되어 있습니다(예수님의 성육신, 세례, 시험, 축귀, 치유, 설교 사역 등). 예수님은 자신의 죽음과 부활 후에 있을 성령 시대를 위해서 제자들을 가르치고 준비시키셨습니다. 오순절에 성령의 충만함을 받은 베드로는 수많은 사람 앞에서 설교를 했고 그중 삼천 명이 회개하는 사건이 일어났습니다(행 2:41).

성령은 사람을 중생시키시는 분으로 중생의 창시자입니다. 성령은 그리스도인에게 은사를 주어 그 안에 역사하심으로 성령의 열매를 맺게 하십니다(고전 12:4-11, 갈 5:22-23). 그리고 성령은 그리스도인이 어려움에 처했을 때 도움을 주시는 분입니다(마 10:20, 막 13:11, 눅 12:12).44

## ■ 성경

성경은 창조주 하나님의 계시의 말씀입니다. 그러나 다른 한편으로 성경은 구체적인 역사적 배경에서, 사람에 의해 사람의 언어로 기록된 책입니다. 따라서 우리는 성경의 계시성 및 초월성과 함께 성경의 역사성과 인간적 요소를 동시에 인정해야 합니다. 성경 각 책의 저자는 한편으로는 그것을 실제로 기록한 인간 저자이기도 하고, 또 한편으로는 그 인간 저자를 선택하고 성령으로 감동시켜서 그 책을 기록하게 하신 하나님입니다. 따라서 성경의 저자는 성령이십니다(딤후 3:15-17).

## ■ 인간의 존엄성

사람은 하나님의 형상(Imago Dei)을 따라 창조되었기 때문에 본질적으로 존엄성을 갖고 태어납니다. 이것은 기독교적 가치관의 핵심입니다. 인간의 존엄성이라는 가치관은 많은 피조물 가운데 인간은 특별한 가치와 중요성을 부여받았다는 것을 의미합니다. 이는 우리가 다른 사람을 어떻게 대해야 바람직한가를 가르치는 것이기도 합니다. 모든 인간관계는 인간의 존엄성을 고양하는 목적으로 이루어져야 하며, 적어도 다른 사람의 존엄성이나 우리 자신의 존엄성을 해치거나 축소시키는 것을 의도해서는 안 됩니다.45

## ■ 이웃 사랑

'하나님 사랑'과 '이웃 사랑'은 그리스도인의 행위와 삶을 판단하는 기준이며, 신약성경의 윤리의 정수라 할 수 있습니다. 예수님은 이웃 사랑에 '원수 사랑'까지 포함시키셨습니다. 예수님의 '이웃 사랑'은 율법의 완성입니다(갈 5:14).

하나님은 사랑이십니다. 사랑 안에 거하는 자는 하나님 안에 거하고 하나님도 그 안에 거하십니다(요일 4:16). 예수님도 "아버지께서 나를 사랑하신 것같이 나도 너희를 사랑하였으니 나의 사랑 안에 거하라"(요 15:9) "내 계명은 곧 내가 너희를 사랑한 것같이 너희도 서로 사랑하라 하는 이것이니라"(요 15:12)라고 말씀하십니다. 신약성경의 아가페 사랑은 상대의 선의를 증진하고 그의 가치에 합당하게 존중하는 것을 추구하며, 동시에 두 가지 다 그 자체를 목적으로 추구합니다.46

## ■ 가난한 사람을 위한 정의

성경에서 정의를 행하라는 명령은 과부, 고아, 이방인, 그리고 가난한 자들('힘없는 4인조 그룹')을 풀어 주는 것과 연결되어 있습니다. 힘없는 4인조 그룹은 악인들의 손에서 학대받는 자들이고, 짓밟힌 자들입니다.47 정의는 이들 힘없고 가난한 사람들을 위해 올바른 일을 행하는 것, 정당하게 행동하는 것, 그렇게 행동한 결과로 생긴 정당한 관계, 즉 정의로 특징 지어진 관계, 그리고 습관적으로 정의를 실천하거나 올바른 일을 행하는 성격을 모두 포함합니다.48

그리스도인은 먼저 하나님 나라와 그 의를 구해야 합니다. 여기서 의(righteous)는 정의(justice)를 포함합니다. 하나님 나라는 땅에서의 하나님의 정의로운 통치이므로 그리스도인은 모든 삶의 영역에서 정의를 행하고 불의를 고치는 일을 위해 힘써야 합니다.

## ■ 평화

하나님의 나라는 먹는 것과 마시는 것이 아니요 오직 성령 안에 있는
의와 평강과 희락이라 롬 14:17

하나님은 예수 그리스도를 통해 통치하시며 그 통치의 핵심
은 평화입니다. 평화는 하나님 나라의 궁극적 목표입니다. 예수
님은 평화의 왕입니다(히 7:2). 예수님이 가져오는 평화는 창조
질서 전체에 걸친 우주적 평화입니다. 우리는 예수 그리스도를
통해 하나님과 화해하여 평화를 얻게 됩니다(엡 2:14-18). 한편,
평화는 더불어(peace with), 사이에(peace between), 가운데(peace among)에
서 나타나며, 그런 의미에서 평화는 언제나 관계적입니다.

성경은 평화의 공동체를 세워야 할 우리의 소명을 강조합니
다(롬 12:18, 14:19, 히 12:14, 약 3:18). 그리스도인은 예수 그리스도를
통해 하나님과 화목하게 되었으므로 평화의 공동체를 세우고
세상에서 하나님의 평화의 대리인이 되어야 할 하나님 나라의
백성입니다.49

# 구별된 삶

그리스도인이 하나님 나라의 가치를 지키며 산다는 것은 세상과 구별되는 행동을 하게 된다는 것을 의미합니다. 그리스도인은 그리스도인답게 살아야 합니다. 그래서 그 삶이 그리스도를 나타내는 편지가 되고 복음의 메시지가 되어 세상 사람들에게 읽혀져야 합니다. 세상이 교회를 외면하고 비판하는 것은 그리스도인이 세상과 다른 것을 보여 주지 못했기 때문입니다.

## ■ 그리스도인의 복된 성품

산상수훈 중에서도 마태복음 5장 3-12절 말씀은 흔히 팔복이라 불립니다. 이는 세상에서 말하는 복이 아니라 그리스도인이 받는 하나님 나라의 복과 그 복을 받는 그리스도인의 복된 성품을 말합니다.

첫째, 가난한 마음입니다. 가난한 마음은 하나님 앞에서 깨어진 마음입니다. '나는 죄인입니다' 자백하는 마음입니다.

둘째, 애통하는 마음입니다. 자기 자신 안에 있는 죄를 보면서 그 죄의 값은 사망이고 하나님의 심판이라는 것을 깨닫고 그로 인해 몸부림치며 아파하는 것을 말합니다.

셋째, 온유한 마음입니다. 온유는 하나님의 거룩하심과 위대하심을 알며 겸손히 순종하는 마음입니다.

넷째, 의에 주리고 목마른 성품입니다. 이는 하나님의 의, 은혜로 얻는 구원을 갈망하는 마음입니다.

다섯째, 긍휼히 여기는 마음입니다. 긍휼은 죄로 인해 깊은 상처를 입거나 징계를 받아 죽게 된 사람을 다시 회복시키고 살리는 것을 말합니다. 변함없는 사랑으로 다른 사람의 죄를 불쌍히 여기며 용서하는 마음입니다.

여섯째, 청결한 마음입니다. 청결은 깨끗하고 순결한 마음, 두 마음을 품지 않는 일편단심, 정직한 성품을 말합니다.

일곱째, 화평하게 하는 성품입니다. 평화를 사랑하고 적극적으로 평화를 만드는 성품입니다.

마지막으로 여덟째, 의를 위해 박해를 받는 사람입니다. 하나님의 나라와 그 의를 구하며, 예수 그리스도 때문에 고난받는 사람은 복이 있다는 말입니다.[50]

## ■ 세상의 소금과 빛

너희는 세상의 소금이니 소금이 만일 그 맛을 잃으면 무엇으로 짜게 하리요 후에는 아무 쓸 데 없어 다만 밖에 버려져 사람에게 밟힐 뿐이니라 너희는 세상의 빛이라 산 위에 있는 동네가 숨겨지지 못할 것이요 사람이 등불을 켜서 말 아래에 두지 아니하고 등경 위에 두나니 이러므로 집 안 모든 사람에게 비치느니라 이같이 너희 빛이 사람 앞에 비치게 하여 그들로 너희 착한 행실을 보고 하늘에 계신 너희 아버지께 영광을 돌리게 하라 마 5:13-16

소금과 빛의 비유로부터 그리스도인은 다음과 같은 세 가지 중요한 교훈을 배울 수 있습니다.

첫째, 그리스도인과 세상 사람들 사이에는 근본적인 차이가 있습니다. 그리스도인은 어두운 세상에서 빛이 되어야 하고, 썩어져 가는 세상에서 소금이 되어야 합니다. 그리스도인은 이 세대를 본받지 말아야 합니다. 그리스도인은 세상과 구별된 존재이기 때문입니다.

둘째, 그리스도인은 세상 속으로 침투해 들어가야 합니다. 등잔을 침대 밑이나 물통 안에 감추어 두는 사람은 없을 것입니다. 당연히 등잔을 등잔대 위에 올려놓아 빛을 비추게 하는 것처럼 그리스도인은 세상에 빛을 비춰야 합니다. 마찬가지로 소금은 세상 속에 뿌려져서 부패를 방지해야 합니다. 빛과 소금, 모두 세상 속으로 침투해 들어가야 합니다. 침투해 들어가는 과정에서 자기희생이 필요합니다.

셋째, 그리스도인은 세상에 침투해 들어갈 때 자신의 고유성을 잃지 말아야 합니다. 소금이 맛을 잃으면 심지어 퇴비 더미에 던져 버릴 수도 없고 길가에 버려져 사람들에게 밟힐 뿐입니다. 마찬가지로 빛 또한 그 밝음을 유지해야 합니다. 그리스도인은 세상에 동화되는 것이 아니라 기독교적 확신과 하나님 나라의 가치, 그리고 그리스도인의 고유성을 상실하지 않으면서 복음 전도와 사회적 책임을 다해야 합니다.[51]

## ■ 재물을 섬기지 않음

예수님은 산상수훈에서 재물에 대하여 "한 사람이 두 주인을 섬기지 못할 것이니 혹 이를 미워하고 저를 사랑하거나 혹 이를 중히 여기고 저를 경히 여김이라 너희가 하나님과 재물을 겸하여 섬기지 못하느니라"(마 6:24)고 경고하십니다. 바울도 "돈을 사랑함이 일만 악의 뿌리가 되나니 이것을 탐내는 자들은 미혹을 받아 믿음에서 떠나 많은 근심으로써 자기를 찔렀도다"(딤전 6:10)라고 경고합니다. 이 말씀은 우리가 재물을 미워하거나 거부해야 한다는 뜻이 아닙니다. 예수님은 주기도문에서 우리에게 일용할 양식을 구하라고 말씀하셨습니다.

그렇지만 사람이 재물이 주는 유익에 도취하면 하나님보다 재물을 더 사랑하고 더 소중히 여길 수 있습니다. 무엇을 먹을까, 무엇을 마실까, 무엇을 입을까를 우선하다가 정작 그 소비의 목적인 목숨과 몸을 상실할 수 있습니다. 그리스도인은 물질주의에 현혹돼 재물이 우상이 된 세상을 본받지 말아야 합니다.

다음의 돈에 대한 존 웨슬리의 3대 원칙은 돈을 어떻게 사용해야 할지를 알려 주는 명료한 기준이 됩니다.[52]

첫째, 존 웨슬리는 먼저 일하라고 촉구합니다. "끊임없이 근면하여 하나님께서 주신 통찰력을 다하여 자신이나 이웃의 영혼이나 몸이 상하지 않는 범위 내에서 최대한 벌라."

둘째, 최대한 절약하라고 권면합니다. "어리석은 욕망을 채우고, 육신의 정욕이나 안목의 정욕, 이생의 자랑을 채우는 데 쓰는 비용을 모두 줄여 최대한 저축하라. 죽거나 살거나, 죄 때문이든 어리석음 때문이든, 자신을 위해서 또는 자녀를 위해서 아무것도 낭비하지 마라".

셋째, 최대한 나누라고 말합니다. "최대한 나누라. 다시 말해 당신의 모든 소유를 하나님께 드리라. 이런저런 제약을 두며 자신을 위해 남기지 말라. 십의 1조도 아니고, 십의 3조도 아니고, 십의 5조도 아니라, 하나님의 것을 모두 하나님께 바치라. 그리고 자신의 가정, 믿음의 가정과 온 인류를 위해 온전히 사용하라. 그래서 청지기 자리를 마칠 때 청지기 직분을 온전히 감당했다고 아뢸 수 있도록 하라."

## ■ 단순한 삶

그리스도인은 예수 그리스도를 통해 새로운 생명(life)을 얻은 사람입니다. 그 생명이 새로운 것이라면 삶 또한 새로워야 합니다. 그것은 어떤 성격의 삶이어야 할까요? 이 질문에 답하기 위해 1974년 세계 복음화를 위한 로잔대회의 참가자들은 '단순한 삶'을 결의했습니다. 그 전문의 일부를 소개합니다.

"그러므로 우리 주 예수 그리스도의 희생으로 자유를 얻은 우리는 그분의 부르심에 순종하여 가난한 이들을 향한 진심 어린 긍휼함으로, 복음 전도와 개발과 정의에 대한 관심으로, 그리고 심판 날에 대한 엄숙한 기대감으로, 정의롭고 단순하게 살며, 그럼으로써 서로를 후원하고, 다른 사람들도 우리와 같은 헌신을 하도록 권하는 일에 겸손하게 헌신한다. 우리는 그것이 의미하는 바를 이루는 데는 시간이 필요하고 쉽지 않을 것임을 안다. 우리가 신실할 수 있도록 전능하신 하나님이 은혜 주시기를! 아멘."[53]

## 크리스천 리더십

하나님은 새 시대 새 역사의 장마다, 인류 역사 속에서 새 일을 행하실 때마다 하나님이 기뻐하는 사람을 택하여 부르시고 보내셨습니다. 모세를 부르시고 출애굽의 계획을 알려 주시고 그를 바로에게 보내어 이스라엘 백성을 인도하여 애굽을 나가게 하셨습니다. 여호수아를 부르시고 가나안 땅을 정복하게 하시고, 다윗을 부르시고 통일 이스라엘을 건국하게 하셨습니다. 하나님은 그 아들 예수 그리스도를 세상에 보내셔서 하나님 아버지의 뜻을 이루셨습니다.

이제 예수님이 바라는 것은 제자들을 부르시고 보내셔서 하나님 아버지의 이름이 거룩히 여김을 받고, 하나님 나라가 임하며, 하나님의 뜻이 하늘에서 이루어진 것처럼 땅에서도 이루어지는 것입니다.

그런데 세상 속에 하나님 나라를 구현하는 일은 제자에겐 고난의 길입니다. 세상 속에 하나님의 통치를 실현하려면 엄청난 저항이 있을 것이기 때문입니다. 모세와 예수 그리스도가 당한 고난을 생각하면 쉽게 예상할 수 있습니다. 이런 엄청난 저항과 그에 따르는 고난을 견디고 하나님의 뜻을 이 땅에 이루기 위해서는 반드시 하나님의 도우심과 인도하심이 따라야 합니다.

또한 제자는 성령의 권능을 받고 예수님의 리더십을 배워야 합니다. 예수님의 리더십은 이미 앞에서 설명한 바 있으므로 여기서는 하나님 나라의 비전을 실현하는 데 도움이 되는 비전의 리더십, 그리고 예수님이 본을 보여 주시고 가르치신 섬김의 리더십을 중심으로 살펴보려고 합니다.

### ■ 비전의 리더십(visionary leadership)

비전은 마음의 눈으로 바라보는 미래의 바람직한 모습입니다. 비전은 현재 상황이 견딜 수 없을 정도로 고통스러울 때 주어집니다. 애통하며 부르짖고 찾는 사람에게 나타납니다. 마음의 눈이 열려야만 볼 수 있는 그림입니다.

비전은 사람들이 달려가야 할 방향과 목표를 제시해 줍니다. 구성원들을 움직여서 참여를 이끌어 내고 조직의 활력을 불어 넣는 것도 비전의 힘입니다. 성경은 "비전이 없으면 그 백성은 멸망합니다"라고 경고합니다(잠 29:18). 로버트 그린리프(Rober K. Greenleaf)는 "비전이 없이는 어떤 것도 이루어지지 않는다. 위대한 일이 발생하는 곳에는 반드시 위대한 꿈이 있다. 또한 모든 위대한 업적 뒤에는 위대한 비전을 가진 사람이 늘 존재하고 있다"고 말했습니다.54

리더의 비전 유무가 그 사람의 리더십을 가늠하는 핵심 요소이지만 그것만으로는 충분하지 않습니다. 비전을 갖는 것이 중요하지만 비전을 성취하기는 매우 어렵기 때문입니다. 비전을 성취하려면 리더는 엄청난 대가를 치러야 합니다. 비전 실현을 위한 리더의 역할은 무엇일까요?

첫째, 리더는 비전의 대변자입니다. 비전을 많은 사람과 공유하기 전에는 공허한 꿈처럼 보입니다. 따라서 리더는 조직 내부와 외부의 이해관계자들에게 조직의 비전을 이해시키고 동참하도록 이끄는 역할을 잘해야 합니다. 이를 위해서 리더에게는 비전을 전달하고 설득하는 커뮤니케이션 능력이 필요합니다. 또한 리더는 조직 구성원들을 서로 연결시키고 조직의 비전을 조직원들의 마음속에 공명시켜야 합니다. 무엇보다도 리더가 비전에 따라 생활하는 모습을 보여 주는 것, 즉 리더가 비전의 메신저 역할을 수행하는 것이 중요합니다.

둘째, 리더는 비전의 추진자입니다. 리더는 비전 실현을 위해 필요한 의사결정을 내리고 그에 따르는 조직 변화를 이끌어 내는 역할을 감당합니다. 리더는 비전 실현을 위해 자원을 집중시키고 비전팀을 만들고 일정 계획을 짜서 차질없이 변화를 추진해 나갑니다. 수많은 의사결정에서 그 결정이 비전과 어떤 관련이 있는가를 물어야 하고 비전과 관련이 없다면 '아니오'라고 단호하게 말할 수 있어야 합니다.

셋째, 리더는 비전의 코치입니다. 조직원들이 새로운 목적지를 향해 힘껏 달려갈 수 있도록 도와주되, 특히 경주에 지친 사람들을 도와줘야 합니다. 조직원들이 겪는 여러 가지 문제들에 대해 상담해 주고 그들이 내는 의견들을 경청하며 받아들여야 합니다. 훌륭한 리더는 그를 따르는 사람들에게 능력을 부여합니다. 능력 부여는 조직원들의 장점과 단점을 파악하고 그들의 잠재능력을 개발시켜 주는 데서 출발합니다. 나아가 리더는 조직원들에게 권한을 부여하고 그들이 리더보다 더 잘할 수 있을 때까지 인내하며 실수를 허용합니다.

## ▪ 섬김의 리더십

그린리프가 그의 초기 저술에서 강조한 바와 같이 서번트 리더십은 리더가 자신의 목적을 섬김에 두고, 팔로워를 우선적으로 섬기는 리더십이라 할 수 있습니다. 서번트 리더의 기본 목표는 팔로워를 양육하여 성장하게 하고, 건강한 조직을 만들어 조직의 업적을 증대시키며, 사회에 긍정적 영향을 미치는 것입니다. 서번트 리더십의 전형적 모델은 바로 예수님입니다.

한편, 서번트 리더십이 너무 이상적이라는 비판도 있고, 소규모 집단이라면 몰라도 대규모 집단이나 사회를 변화시키기에는 역부족이라는 비판도 있습니다. 이에 대해 그린리프는 토머스 제퍼슨, 그룬트비의 사례를 제시하면서 오늘날에도 서번트 리더가 공동선을 추구한다면 사회를 변화시킬 수 있다고 말합니다. 그린리프가 주장하는 사회변화 방법을 소개합니다.

**공동체적 조직 만들기** 현대인은 그들의 삶을 전적으로 제도적 기관에 의존하고 있으며 이제 제도적 기관이 없다면 삶 자체가 불가능할 지경에 이르렀습니다. 오늘날 사회의 여러 가지 문제들은 대부분 기관들과 거기에서 일하는 사람들로부터 나옵니다. 따라서 사회 문제를 해결하는 길은 제도적 기관을 재정비해서 혁신적으로 개선하고 과거의 공동체적 조직을 회복하는 데에 있습니다.

일터에서 그리스도인으로 사는 길

인간을 최우선으로 생각하는 굳은 신념의 지도자라면 인간 중심의 공동체적 조직 모델을 지향하게 마련입니다. 인간을 최고로 생각할 때 올바른 행동은 언제나 그에 합당한 결실을 맺습니다. 최근 이익에만 매달린 채 인간을 경시하는 기업보다는 인간을 존중하는 기업이 시장에서 성공적으로 살아남았다는 사례들이 있습니다.

**서번트 리더를 이사회 이사로 세우기** 이사는 그 명칭에서도 짐작할 수 있듯이 분별력 있는 일 처리로 절대적인 신임을 보장받는 사람입니다. 제도적 기관에는 반드시 내부적 갈등이 있게 마련이므로 당사자들이 문제를 해결하지 못할 경우 이사회가 최후의 판결을 내리는 역할을 합니다. 이사회의 최우선 관심사는 조직의 목표이며 목표를 향한 일관된 진전입니다. 이런 관점에서 볼 때 이사가 하는 역할은 섬기는 지도자가 되려는 사람들에게 좋은 기회가 될 것입니다. 만약 유능하고 헌신적인 서번트 리더를 이사로 임명하여 이사회가 혁신적으로 개선된다면 다른 어떤 방법보다 사회 전체가 빠른 속도로 질적 개선을 이룰 것입니다.

**서번트 리더의 양성** 더 나은 사회를 만들겠다는 바람에서 현재의 시스템 구조를 바꾸고 혁신적인 변화를 꾀할지라도 사회가 근본적으로 변화될 수는 없습니다. 물론 지금보다 더 나은 시스템이 만들어질 수는 있을 것입니다. 그러나 그것을 제대로 이끌어 갈 능력 있는 사람이 없다면 더 나은 사회를 기대하기는 어렵습니다. 결국 더 나은 사회를 지향하기 위한 원칙은 하나밖에 없습니다. 그것은 서번트 리더십의 잠재력을 지닌 사람을 사회 기관들의 리더로 세우는 것입니다. 그렇게 하려면 대학생들을 선발해서 서번트 리더로서 자질을 갖출 수 있도록 지원하는 것이 효과적일 것입니다. 사회를 변화시키는 유일하면서도 가장 확실한 방법은 사회를 변화시킬 인재를 길러 내는 것입니다.

덴마크 민속학교(Folk High School)의 아버지로 알려진 그룬트비는 농민들이 토지를 소유하고 투표할 수 있는 자유를 굳건히 다지기 위해서 새로운 교육제도를 설계하고, 민속학교를 덴마크 민족의 역사, 신화, 시적 정서를 단기간에 집중적으로 가르치는 요람으로 만들었습니다. 그룬트비를 따르는 많은 사람이 여러 곳에 민속학교를 설립하였고 그룬트비는 그곳들을 돌아다니면서 강연을 했습니다. 민속학교에서의 가르침에 자극받은 청년들은 스스로 농업학교에 입학하기 시작했고, 곧이어 협동조합을 결성했습니다. 덴마크 사회의 대폭적인 변화는 서번트 리더의 양성을 체계화한 그룬트비에 힘입은 바 큽니다.

## 공동체 세우기

하나님 나라를 구현하기 위해서는 공동체가 필요합니다. 이런 목적으로 탄생된 공동체가 바로 교회라는 것은 이미 앞에서 설명했습니다. 그리고 기독교 역사 속에서 보는 바와 같이 선교회, 미션스쿨, 병원 등을 통해서도 하나님 나라가 확장되고 있습니다. 세상 속에 공동체를 세워 사람들을 섬기는 것은 하나님 나라 구현을 위한 효과적인 전략입니다.

### ■ 세이비어 교회와 사역 공동체

미국의 세이비어 교회(The Church of the Saviour)는 1947년 워싱턴 D.C.에 설립된 이래로 교인이 150명을 넘어 본 적이 없는 교회입니다. 워싱턴 D.C.는 백악관과 의회를 포함한 세계 권력의 중심지임에도 불구하고 한때 세계에서 가장 빈부 격차가 큰 도시였으며 중심가를 벗어나면 흑인이 많고 노숙자, 병자, 호스피스 병동이 필요한 사람들이 많았습니다. 이런 지역사회를 돕기 위해 세이비어 교회가 나섰고, 지금 이 교회는 미국에서 가장 존경받고 영향력 있는 교회라는 평가를 받고 있습니다. 교회는 9개의 신앙 공동체로 구성되어 있으며 사회사역에 연간 2500만 불(약 300억)의 예산을 집행하고 있습니다.[55]

**교회의 비전과 훈련** 교회 설립자인 고든 코스비 목사는 군목으로서 노르망디 상륙 작전에 참가하는 101공정부대에 배치되어 2차 대전에 참전하던 중 격전지에서 무수한 장병들이 전혀 준비되지 않은 죽음을 맞는 것을 목도하고 충격을 받았습니다. 이때부터 그는 인생의 고통에 대해 의문을 품게 되었고, 다시 전과 같은 목회로 돌아갈 수 없다는 것을 깨닫습니다. 그리고 제대 후 전혀 새로운 목회 비전을 세웠습니다. 그 비전은 '인종차별이 없는 교회, 온전한 성도의 책임을 다하는 교회'를 지향하는 것이었습니다.

처음에 그는 어느 정도 규모를 갖춘 교회가 이런 비전을 이룰 수 있다는 생각으로 존 록펠러 재단을 찾아가 도움을 청했습니다. 그러나 좌절을 경험했고, 고든 목사는 큰 규모를 통해서만 큰일을 할 수 있다는 생각을 버리고 대신에 고도의 영적 훈련을 받고 자신을 헌신할 수 있는 사람들로 구성된 소그룹 공동체가 세상을 변화시킬 수 있다는 생각으로 전환했습니다.

1947년 워싱턴 19번가에 작은 건물을 구입하여 8명과 함께 교회를 시작하면서 마태복음 22장 37절 말씀을 따라 '첫째 하나님을 사랑하고, 둘째 이웃을 내 몸같이 사랑하라'를 교회의 실천 목표로 삼았습니다. 그리고 The School of Christian Living이라는 입교 훈련 프로그램을 만들었습니다. 훈련 목표는 크게 두 가지, 하나님의 사랑 안에 거하는 영적인 훈련(Inward Journey)과 이웃을 사랑하여 섬기는 외적인 사회참여(Outward Journey)입니다. 초기에 교회 비전에 동의한 사람들도 외적인 사회참여 실천이 쉽지 않아서 1976년까지 120명의 교인이 등록했을 뿐이었습니다. 세이비어 교회의 정식 입교인이 되기 위한 훈련은 다음과 같습니다.

- □ 하루 한 시간씩 성경 읽고 기도하기
- □ 약 3년이 소요되는 그리스도인의 삶의 학교와 서번트 리더십학교의 훈련 과정에 참여하고 지속적인 연장 교육에 참여하기
- □ 온전한 십일조 헌금을 드리기
- □ 소그룹 사역 공동체 모임에 한 주간에 한 번씩 참여하기
- □ 교회와 연관된 45가지의 지역사회 사역에 은사별로 자원봉사하기
- □ 자기 삶의 전 지경을 포함하는 영적 자서전을 써서 공동체에 발표하기
- □ 매년 각 신앙 공동체 주관의 3박 4일 침묵기도 영성수련회에 참석하기
- □ 교인의 자격을 매년 갱신하기
- □ 자신의 삶을 개방하여 동료들과 함께 보다 깊은 공동생활을 추구하는 데 동의하기

**사역 공동체** 설립 초기부터 고도로 훈련된 사람들이 작은 그룹을 만들어 그들이 속한 지역사회에 봉사하게 했습니다. 그것은 소그룹의 신앙 공동체에 바탕을 둔 사역입니다. 이 사역은

점차 확대되어 지교회로 발전해 갔고, 현재까지도 세이비어 교회가 발견한 가장 중요한 교회의 구조라고 평가됩니다. 각 사역 형태를 따라 지교회 형태의 10개 신앙 공동체가 세워졌습니다. 각 신앙 공동체는 효과적인 사역을 위해 독립된 비영리단체로 등록했고 각 공동체는 소그룹 사역 공동체를 시작했습니다.

세이비어 교회의 모든 구체적인 사역들은 내적 사역인(Inward Journey) 영성 사역을 기초로 이루어지는데, 개인 경건과 소그룹 공동체 모임, 훈련 프로그램, 그리고 수양관 사역이 그것입니다. 세이비어 교회의 크고 작은 45개의 사회사역(Outward Journey) 중에서 핵심이 되는 사역 몇 개만 소개합니다.

ㅇ 토기장이의 집(Potter's House) / 지역사회로 나가 복음을 전하겠다는 목적으로 설립된 카페 겸 서점입니다. 워싱턴 백악관에서 북서쪽으로 2마일 지점, 흑인과 중남미계 사람들이 밀집해 살고 있는 아담스 모르간 지역에 위치하고 있으며 낮에는 카페로, 저녁에는 모임 장소로 이용됩니다. 이곳에선 공연과 소그룹 모임, 예배가 이루어집니다. 검소하고 소박한 분위기로 지역사회에 평안함을 주고 있습니다. 1960년대 워싱턴 지역 최초의 커피 전문점이었다고 합니다. 이곳은 무엇보다 비종교적인 사람들이 종교적인 질문을 할 수 있는 장소로 유명합니다. 서가에는 대중적인 기독교 서적들 대신 현대 신학과 영성의 고전들, 사회적 활동과 정치적 정의를 담은 책들이 가득 차 있습니다.

ㅇ 　그리스도의 집 / 1985년 노숙자를 위한 미국 최초의 24
시간 병원시설로 시작되었습니다. 노숙자들을 위한 치료와 상
담이 다각적으로 이뤄지고 있지요. 워싱턴 지역에만 8천 명 이
상의 노숙인들이 살고 있는데 대부분 마약이나 알코올에 중독
되어 있고 정신질환을 가지고 있다고 합니다. 그리스도의 집은
이런 노숙자들을 품에 안았습니다.

34베드 규모로 크지는 않지만 잘 정돈되어 있으며 병원 같은
느낌을 주지 않습니다. 치료받고 있는 노숙자들은 깨끗하고 단
정해 보입니다. 의사와 간호사들은 모두 이 건물의 3층에서 가
족들과 함께 살며 24시간 노숙자들을 돌보고 있습니다. 그들은
안정된 의사의 삶을 포기하고 섬김의 삶을 실천하고 있는 것입
니다. 각 지역교회에서 점심과 저녁식사를 제공하는 등 지역교
회와 자원봉사자들이 사역을 돕고 있습니다. 치료를 마친 노숙
자들은 본인의 결정에 따라 12단계의 회복 프로그램과 신앙훈
련 및 직업훈련을 받을 수 있으며, 이외에도 직업 알선과 거처
마련 등의 도움을 받고 있습니다.

ㅇ 　사마리아인의 집 / 마약이나 알코올에 중독된 사람들을
치유하기 위해 1985년에 시작되었습니다. 워싱턴 지역은 8천
~1만 명의 노숙인 중 50% 정도가 약물 중독 상태라고 합니다.
중독 치료와 함께 사회 정착을 시작할 수 있도록 돕는 것이 이
사역의 중요한 목적입니다.

1단계로 28일간 집중적 회복 프로그램이 진행됩니다. 이 단계에서 80% 이상이 성공적으로 과정을 마칩니다. 2단계는 과도기 프로그램으로 중독자들이 6개월간 이곳에 머물며 정상적인 삶을 준비합니다. 매년 150여 명의 대상자 가운데 65%가 치유되어 직업을 가지고 새로운 삶을 시작하고 있습니다. 3단계는 주거 프로그램으로 노숙자들이 정상적인 삶을 시작하는 데 2년 정도의 시간이 걸리는 것을 감안하여 지원하고 있습니다.

참여자 200명 가운데 80% 이상이 약물 중독에서 해방되어 건강한 삶을 살기 시작하였고, 미국 정부로부터 최고의 성공 사례로 평가받아 15~20%의 예산을 지원받고 있다고 합니다.

o    희년 주거사역(Jubilee Housing) / 지역의 저소득 주민을 위한 아파트 임대 사역으로 토기장이의 집(Potter's House) 뒤쪽에 아파트 2동 800세대의 건물에 1600가구가 입주해 있습니다. 역시 독립적인 비영리단체로 등록되어 있습니다. 부동산 재벌인 제임스 라우슨이 세이비어 교회의 사역에 감동하여 아파트 두 동을 기증하였습니다. 하지만 그는 이렇게 재정적인 헌신을 하고도 정식으로 교인이 되지는 못했는데, 엄격한 입교 과정 때문이었습니다.

o    지역사회 연계 사역들 / 선한목자사역(Good Shepherd Ministries)은 빈민 지역의 유치원생부터 12학년까지의 자녀들을 돌보는 사역입니다. 주로 자원봉사자들에 의해 운영되며 지역 주민

은 저렴한 비용을 지불합니다. 사라의 집(Sarah's Circle)은 나이 드신 여성들을 위한 양로원 사역이고, 방주공동체(Community of Ark)는 정신지체 장애인과 정상인이 함께 생활하는 사역이며, 요셉의 집(Joshep's House)과 미리암의 집(Miriam's House)은 후천성 면역결핍증 환자들이 치료받으며 편안히 죽음을 맞이할 수 있도록 돕는 사역입니다.

세이비어 교회는 이렇듯 성경의 제자 양육의 원리를 따라 교인을 충분히 훈련하여 세우고 이웃 사랑을 실천하고 있습니다. 제자들이 자연스럽게 소그룹을 이루고, 기도를 통해 공동체 사역에 대한 소명을 확인하며, 순종함으로써 지역에 필요한 사역을 하나하나 시작해 나갔습니다. 이는 각각의 소그룹이 공동체 사역으로 발전한 것으로, 그들은 지교회로 독립하여 예배와 사역을 하고 있습니다.

이것은 세이비어 교회가 발견하고 증명한 교회의 중요한 구조 중 하나가 되었습니다. 각 사역은 점차 확대되어 주위의 교회들과 주민들이 자원봉사로 협력하는 사역으로 발전하였으며, 나중에 비영리독립기관으로 등록하여 재원을 확보함으로써(개인 기부 50%, 교인 헌금 30%, 정부 지원 15~20%) 사회에 커다란 영향을 끼치게 되었습니다.

## ■ 클래펌 공동체

18세기 말 세계 최고의 해군력과 상선을 가지고 있던 영국은 아프리카 흑인들을 잡아 북미 대륙으로 실어 나르는 데 핵심적 역할을 하고 있었습니다. 당시 150여 년 동안 약 200만 명의 노예를 수송했는데 이것이 국가 수입의 3분의 1을 차지할 정도였다고 합니다. 열악한 항해 조건과 비인간적인 처우로 25%가 넘는 흑인 노예들이 수송 도중에 사망했음에도 국가 경제에 이익이 된다는 이유로 노예무역이 묵과되고 있었습니다.

1786년 부활절, 27세의 젊은 국회의원 윌리엄 윌버포스(William Wilberforce)는 회심을 경험하였고 다음 해 하나님은 그에게 비전을 주셨습니다. 윌버포스는 "전능하신 하나님께서는 두 가지 큰 목표를 주셨다. 하나는 노예무역을 금지하는 것이고, 다른 하나는 관습을 개혁하는 것이다"라고 자신의 일기에 썼습니다. 그는 150차례나 되는 대국회 논쟁을 통해 "영국이 진정 위대한 나라가 되고자 한다면 하나님의 법을 지켜야 하는데 노예제도는 분명 하나님의 진노를 자아내는 일입니다"라고 외쳤습니다. 그는 두 번에 걸친 암살 위협과 갖은 중상모략과 비방에 시달리면서도 소신을 굽히지 않았고 시간이 흐르면서 교회 지도자들의 도움을 받으며 기나긴 싸움을 버텨 나갔습니다. 마침내 1833년, 윌버포스가 하나님 앞에서 뜻을 세운 지 46년 만에 영국 국회는 노예제도를 영원히 폐지하는 법안을 통과시켰고, 사

일터에서 그리스도인으로 사는 길

흘 후에 윌버포스는 하나님께 감사하면서 하나님 나라로 갔습니다.

그는 노예제도 폐지 외에도 가난한 사람들을 위해 국립병원을 설립하는 법안, 복권제도 폐지, 어린이노동보호법, 직업훈련 및 취업알선 제도, 결투제도 폐지 등 영국 사회를 개혁하는 데 헌신하였습니다. 그런 그를 사람들은 '영국의 양심'이라고 불렀습니다. 그는 뿐만 아니라 영국과 아프리카에 선교사를 파송하는 일, 영국과 해외의 성경 모임, 악과 부도덕에 대항하는 모임, 학교단체 모임, 주일학교 모임, 좋은사회 모임, 도덕성 모임 등 교회 활동에도 꾸준히 참여했습니다. 그는 가난한 노동자들, 프랑스 난민들, 지친 외국인들의 고통을 덜어 주며 공익을 위해 많은 노력을 기울인 박애주의자이기도 했습니다. 또한 최소한 70여 곳의 사회단체를 재정적으로 지원했으며 많은 단체의 임원으로 활동했습니다.

이런 엄청난 일은 클래펌 공동체가 있었기에 가능했습니다. 클래펌 공동체는 친밀한 우정과 이들 사이의 놀랄 만한 형제애를 특징으로 합니다. 1789년 노예제도 폐지를 위한 법률 제안이 부결되었을 때 윌버포스와 절친한 친구 헨리 손턴(Henry Thornton)은 자신들과 뜻을 같이할 사람들을 모았습니다. 이 사람들을 하나로 응집시킨 힘은 그리스도 안에서 각자의 신앙을 가정, 사회, 정치, 국가, 세계 문제에까지 적용하려는 비전이었습니다.

그들은 자신들이 신학자임을 자처하지 않았지만 기도와 성경 공부를 매우 중요하게 여겼습니다.

클래펌 공동체는 자신들이 세상에서 하나님 왕국의 대표자들이며 하나님이 주신 것들에 대한 신실한 청지기임을 확신했습니다. 그들은 영국을 세상 모든 사람들을 위한 사회적, 도덕적 도구로 만들기를 원했습니다. 그들은 함께 지내면서 이런 목적을 달성하기 위해 무섭게 헌신했습니다.

많은 사람이 영국 국회의원 신분이었으며 '클래펌파'라는 명칭과 함께 '작은 성도들'이라고 불렸습니다. '클래펌파'라는 말은 1884년 제임스 스티븐 경이 그의 수필에서 처음 사용했습니다. 이 이름은 런던의 외곽 지역 클래펌에서 비롯되었는데 공동체의 여러 사람이 그곳에 살기로 결정했기 때문입니다.

클래펌 공동체는 몇 가지 독특한 특징을 갖고 있었습니다.

첫째는 열린 공동체였습니다. 회원 자격에 배타적인 요건이 없었습니다. 다만 그리스도 안에서 믿음과 사랑을 실천하기를 원하고 도덕, 사회, 종교 등 여러 분야에 관심을 가진 사람들이 모였습니다.

둘째, 공동체는 영국의 여러 분야에서 영향력을 가진 지도층 인사들로 구성되었습니다. 윌버포스와 친구들은 조직 관리 능력과 목적의식으로 성도들이 어려움을 극복해 나가도록 도왔습니다.

일터에서 그리스도인으로 사는 길

셋째, 가장 중요한 특징으로, 회원들끼리 서로 친밀한 교제를 나누었습니다. 이는 클래펌 공동체를 성공으로 이끈 비결이기도 합니다. 성도들은 서로 교제하는 것을 좋아했습니다. 윌버포스와 손턴은 런던의 펠리스 야드에서 함께 살았지만 자신들의 집을 국회의원들에게 거의 공개하다시피 했습니다.

넷째, 같이 살거나 아니면 가까운 위치에 살기를 바랐습니다. 서로의 방문을 환영하며 화목한 가족처럼 지냈습니다. 다양한 활동으로 바쁘게 살면서도 생활의 중심이 언제나 가정에 있었고 가족과 우정을 최우선 순위로 삼았습니다. 이것은 분명히 공동체가 가진 생명력의 원천이었습니다. 클래펌 사람들은 평생 친구로서 우정에 헌신적이었으며 항상 섬기며 순종했습니다.

클래펌 사람들은 개인적으로 또는 공개적으로 클래펌 교회에서 매주 두 번 예배를 드렸습니다. 그들의 신앙은 가정, 직업, 우정 등 모든 삶을 포괄하는 것이었습니다.

그들은 모든 삶의 영역에서 서로 영향을 끼치고 신앙과 삶을 분리하지 않고 함께 나누었습니다. 그들은 자기 고집대로 하기보다 서로 세워 주고 상대방의 열정을 인정하고 지원해 주었습니다. 그들은 신앙의 본질에 초점을 두고 비본질적인 것에는 포용적이었습니다. 예를 들면 윌버포스는 웨슬리 쪽 사람이었고, 절친한 친구 손턴은 칼뱅주의자였지만, 이들은 가족을 우선순

위로 삼았고 서로 결혼생활과 가정을 축복했습니다.

그들은 복음주의와 사회참여를 양분하지 않았습니다. 그들이 펴낸 복음주의 운동의 잡지 〈크리스천 옵서버〉(The Christian Observer)에 이런 성향이 잘 드러납니다. 역사가 레지널드 커플랜드는 클래펌 공동체의 힘에 대해 이렇게 말합니다. "그것은 놀랄 만한 형제애였다. 아마도 친밀함에 있어 특히 그렇다."[56]

■ 묵상과 토의

1. 교회의 본질과 존재 목적은 무엇이라고 생각합니까? 오늘날 한국 교회의 현실에서 바른 교회관을 갖는 것이 왜 중요합니까? 교회는 어떻게 기본으로 돌아갈 수 있을까요?

_____

_____

_____

2. 하나님 나라는 매우 신비합니다. 하나님 나라의 신비를 구체적으로 설명해 보십시오. 하나님 나라를 바르게 이해하는 것이 우리의 삶에 왜 중요할까요? 하나님 나라에 대한 단편적 이해를 넘어 통합적으로 이해하려면 어떻게 하면 좋을까요?

_____

_____

_____

3. 하나님 나라의 가치 8가지를 글로 적어 보십시오. 왜 그 가치가 중요하다고 생각합니까? 어떻게 하나님 나라의 가치를 가르치고 지킬 수 있을지 실천 방법을 생각해 보십시오.

_____

_____

4. 그리스도인이 하나님 나라를 구별된 삶으로 증거하는 것이 왜 중요할까요? 구별된 삶의 내용을 구체적으로 적어 보십시오. 어떻게 그런 구별된 삶을 살아갈 수 있을 것인가 깊이 생각하고 쉬운 것부터 실천해 보십시오.

_____

_____


5. 리더십을 영향력 과정이라고 이해한다면, 교회는 사회에 대해 어떤 영향을 끼칠 수 있을까요? 왜 교회의 크리스천 리더십 개발이 중요합니까? 교회는 어떻게 사회적 리더십을 개발할 수 있는지 효과적 실천 방법을 생각해 보십시오.

_____

_____


6. 공동체란 무엇인가요? 하나님 나라의 가치와 문화를 세상에 확산하기 위해서 공동체가 왜 중요한가요? 사회 변화를 위해 교회는 어떻게 공동체를 만들 수 있는지 그 방법을 생각해 보십시오.

_____

_____

_____

**온누리교회: 하나님 나라 구현을 위한 융합 선교에 앞장서다**

1985년 10월 5일에 개척된 온누리교회는 교회가 어떻게 하나님 나라 선교의 최상의 도구이자 최고의 전략이 될 수 있는지를 보여 주는 좋은 사례가 되는 교회입니다. 온누리교회를 개척하며 하용조 목사는 교파나 제도가 중심인 교회가 아니라 '예수님이 주인되시고 성령님이 이끌어 가시는 바로 그런 사도행전적 교회'[57]를 꿈꾸었습니다. '사도행전적 교회'에 대한 비전은 '교회를 교회되게 하는 본질'은 생명처럼 붙잡지만 비본질적인 요소들은 언제나 과감하게 변화시킬 수 있는 창의적이고 역동적인 교회를 낳았습니다.

온누리교회는 특별히 교회 내에서 성도들을 섬기고 양육하는 목회적 구조(Modality)와 교회 밖으로 나가 선교사적 사명을 감당하는 선교적 구조(Sodality)를 동시에 가지고 있습니다.[58] 이를 통해 성도들은 '모이는 교회'로서뿐만 아니라 '흩어지는 교회'가 되어 사회 각 영역과 지역사회, 그리고 온 세계에 흩어져 하나님 나라의 대리인 역할을 감당하고 있습니다.

### 영역별 선교

**가정: 아버지학교, 어머니학교** 온누리교회를 중심으로 시작된 대표적인 가정회복사역입니다. 21세기 한국의 위기는 가정의 위기

라는 인식하에 올바른 아버지상을 추구하며 실추된 아버지의 권위를 회복시키고자 아버지학교가 설립되었고, 성경적인 어머니상을 제시하고 건강한 가정을 회복하자는 의미로 어머니학교가 시작되었습니다. 아버지학교는 처음에는 교회에서 개설했지만 지금은 전 세계 70개국 240여 도시에서 동일한 커리큘럼으로 진행되고 있습니다

**방송: CGNTV** 하용조 목사는 "아무리 돈이 많이 들고 희생이 따른다 하더라도 케이블TV나 공중파가 가지 못하는 세계 곳곳에 흩어진 수많은 선교사들과 한인들이 열방에서 CGNTV를 통해 복음을 듣게 하는 것이 주님 오실 날이 가까운 때에 우리가 해야 할 일"이라면서 광고 없이 헌금으로만 운영되는 '순수복음방송' CGN(Christian Global Network)TV를 시작하였습니다. 현재는 다양하고 유익한 기독교 콘텐츠를 위성, IPTV, 케이블, 유튜브, 모바일을 통해 170개국에 7개 국어로 24시간 방송하고 있습니다.

**의료: CMN(Christian Medical Network)** 1989년 첫선을 보인 온누리교회 의료선교팀은 현재 7개의 현장의료팀, 6개의 지원팀, 3개의 네트워크팀, 선교사 케어팀(CMN사이버병원) 등 총 17개팀이 국내외 재난 현장과 외국인 노동자들이 거주하는 공단 및 농어촌 지역, 그리고 해외 선교지를 방문하여 진료 봉사를 하고 있습니다. 뿐만 아니라 80여 개 국내외 의료선교팀과 교류하고 협력하고 있습니다.

일터에서 그리스도인으로 사는 길

## 사회선교

온누리교회는 단순히 선교사를 파송하고 후원하는 데 그치지 않고 모든 성도가 만인 선교사직을 감당하는 교회가 되기를 원했습니다. 이 말은 '땅끝'뿐만이 아니라 우리가 속해 있는 지역사회도 선교 현장이라는 의미입니다. 이에 온누리교회는 예수님처럼 사회적 약자들에게 관심을 기울이고 긍휼의 마음과 겸손으로 사회적 정의를 실현하고자 사회선교본부를 발족하여 다양한 사역을 펼치고 있습니다.

**서울역 희망공동체** 서울역 인근(남대문, 동자동) 노숙인, 쪽방촌 거주민들을 정기적으로 심방하여 예배와 제자 양육, 상담 등을 하며 그들이 어려운 형편에서도 예수님의 제자로 살아가도록 돕습니다.

**맘앤맘스** 미혼 엄마들이 자녀를 잘 키울 수 있도록 양육 환경을 조성하고 자립할 수 있도록 돕습니다.

**새사람사역** 교도소, 구치소, 소년원 등에 수용된 재소자들을 찾아가 예배와 신앙 교육, 그리고 재정과 물품지원 등을 통해 그들이 영적으로 성장하도록 돕고 출소 후 새사람으로 살아갈 수 있도록 돕습니다.

**J Home** 제이홈은 하나님이 우리를 입양하신 것처럼 가정이 필요한 아이들을 입양하고 위탁하여 영육의 부모가 되어 주는 가정들의 모임입니다. 현재 입양가정 네트워크 및 입양관심 가정지원 사역을 하고 있습니다.

**한누리통합팀**(탈북민사역) 온누리교회의 탈북민 사역을 하는 7개

사역 공동체의 총칭으로 하나원에서 탈북민 정착을 돕는 하나원 사역팀, 강서 양재 부천 남양주 대전 등에서 탈북민들의 정착과 신앙생활을 돕는 한터공동체, 하나공동체, 한사랑공동체, 북사랑공동체, 한누리공동체를 일컫습니다.

**농어촌선교팀** 농어촌의 미자립교회 목회자들의 동역자가 되어 그들이 끝까지 소명의 길을 갈 수 있도록 기도와 물질, 은사와 재능으로 협력하며 섬기는 사역입니다.


온누리복지재단

온누리복지재단은 '예수님의 사랑'을 기반으로 보다 전문적인 사회복지를 실현하기 위해 1999년 8월 23일에 설립되었습니다. 현재는 정부기관과 협력하여 노인 복지, 장애인 복지, 청소년 복지 및 지역 복지 분야에서 사회적 책임을 감당하고 있습니다.

**군포하나로 청소년쉼터** 위기 청소년들을 대상으로 중장기 보호 및 상담, 복지, 교육 등의 통합적인 서비스를 제공하여 건강한 사회인으로 성장하도록 돕고 있습니다. 현재는 남자 청소년들에게 쉼터와 자립 훈련 프로그램을 제공하고 있습니다. 한편, 경기도교육청 지정 장기 위탁 대안학교 '하나로꿈학교'를 운영하고 있습니다.

**꿈의집 지역아동센터** 2014년부터 시작된 것으로 방과 후 돌봄이 필요한 아동들에게 개별 지도 혹은 집단 지도를 통해 다양한 체험을 경험하도록 하고 있습니다. 이를 통해 사회 적응력을 기르고 올바른 가치관을 형성하도록 돕고 있습니다.

**온누리 요양센터** 2006년부터 시작되어 치매, 중풍, 노인성 질환을 가진 140여 어르신들이 생활하고 있습니다. 생활 서비스, 간호 서비스, 의료재활 서비스, 사회복지 서비스 등을 제공하는 전문 요양 시설로, 사랑으로 어르신들을 섬기고 있습니다.

**번동코이노니아** 1991년에 개원한 번동코이노니아는 서울시 장애인분과로부터 지적장애인 및 지체장애인 보호작업장 시설을 위탁받아 장애인들의 직업재활을 돕는 한편, 장애인 그룹홈을 별도 운영하여 장애인의 자립을 돕고 있습니다.

**시립 서울역 쪽방 상담소** 서울특별시로부터 위탁받아 운영하고 있는 복지전문기관으로 쪽방에 거주하는 지역 주민들의 자활과 자립 및 삶의 질 향상에 기여하고 있습니다.


## 세계선교

온누리교회는 창립 원년부터 선교사들에 대한 후원을 시작했을 만큼 세계 선교에 특별한 비전을 갖고 있습니다. 1995년 2000명 선교사 파송을 선포했는데, 2020년 현재 누적 파송 2080명에 이르렀고, 2019년 12월 현재 활동 중인 해외 선교사는 70여 개 선교단체와 협력하여 75개국 874명입니다.

**두란노해외선교회(TIM)** 1987년 기도 모임과 함께 시작된 두란노해외선교회는 온누리교회가 입양한 15개 미전도 종족 및 복음의 불모지에 복음을 전하고 교회를 개척하기 위해 설립된 초교파 선교단체로서 현재 49개국에서 총 436명의 선교사들이 활동하고 있습니다.

**더멋진세상**(A Better World) 가난과 질병, 재난 등으로 고통받고 있는 지구촌의 모든 이웃을 찾아가기 위해 2010년 12월 외교통상부의 인가를 받아 출범한 온누리교회의 국제개발 NGO입니다. 현재는 23개국에서 더멋진마을 조성사업, 어린이 생명살리기 사업, 긴급구호 및 난민사역을 감당하고 있습니다.

**온누리 M미션** 1993년 몇몇 성도들의 기도로 시작된 온누리 M미션은 국내 250만 외국인 근로자들과 다문화가정을 돕고 있습니다. 현재는 안산 평택 화성 김포 남양주 등에 센터를 두고 23개 국가별 공동체와 5개 차세대예배, 그리고 다양한 다문화 사역을 감당하고 있습니다.

**Acts29 비전빌리지, 제주훈련센터** Acts29 비전빌리지는 장기 단기 선교사들을 훈련하기 위해, 제주Acts29훈련센터는 제3세계 선교 지도자들을 훈련하기 위해 개원한 온누리교회 선교 훈련센터입니다.

**협력기관들** 이외에도 온누리교회의 선교적 비전을 실현하기 위해 지도자 훈련을 담당하는 BEE Korea, 경배와 찬양, 두란노서원 등 70여 개 선교단체와 협력하고 있습니다.[59]

# 주

**1** 워렌 베니스, 《리더》(김영사, 2003), p. 157

**2** 라이프성경사전, 2006

**3** 오스 기니스, 《소명》(IVP, 2000), p. 44

**4** 존 스토트, 《온전한 그리스도인》 개정 2판(IVP, 2014), p. 9

**5** 존 스토트, 《자유에 이르는 오직 한길》(아가페출판사, 1993), pp. 189-195

**6** 존 스토트, 앞의 책, p. 187

**7** 제임스 M. 쿠제스·베리 Z. 포스너, 《리더십 챌린지》 제6판(이담북스, 2018), pp. 50-64

**8** 제임스 M. 쿠제스·베리 Z. 포스너, 앞의 책, p. 50

**9** 오스 기니스, 앞의 책, pp. 50-54

**10** 충신교회 이전호 목사, 온누리교회 김명현 장로의 도움을 받아 작성했습니다.

**11** 이장로, 《교회경영학》(한국장로교출판사, 2016), pp. 100-103

**12** 피터 G. 노스하우스, 《리더십 이론과 실제》 제7판(경문사, 2018), p. 285

**13** 데이비드 왓슨, 《제자도》(두란노서원, 1989), pp. 93-96

**14** 이석철, 《기독교 성인 사역론》(침례신학대학교 출판부, 2008), pp. 76-88

**15** Greg L. Hawkins & Cally Parkinson, *MOVE: What 1,000 Churches REVEAL About Spiritual Growth*(Zondervan, 2016), pp. 43-166

**16** Greg L. Hawkins & Cally Parkinson, 앞의 책, p. 21

**17** 이장로, 《교회경영학》(한국장로교출판사, 2016), pp. 210-212

**18** 김재은, 《기독교 성인교육》(한국기독교학회, 2004), p. 267

**19** 이장로, 앞의 책, pp. 107-110

**20** Arnold, J. A., Arad, S., Rhoades, J. A., and Drasgow, F., *The empowering* *leadership questionnaire: The construction and validation of a new scale for measuring leader behaviors*(Journal of Organizational Behavior, 2000), pp. 21, 249-269.

**21** 이장로·신만수, 《국제경영》 제7판(무역경영사, 2018), pp. 266-267

**22** 스티븐 코비, 《성공하는 사람들의 7가지 습관》(김영사, 2008), pp. 291-334

**23** 동아닷컴, 2020년 1월 17일

**24** Robert E. Kelly·Stephen R. Graves·Thomas G. Addington, *Life Work on Leadership: Enduring Insights for Men and Women of Faith*(Jossey-Bass, 2002), pp. 101-108

**25** 피터 G. 노스하우스, 앞의 책, p. 310

**26** 데일 카네기, 《효과적인 대화와 인간관계》 제29판(삼일서적, 2005), p. 87,158,254

**27** 팀 켈러, 《일과 영성》(두란노, 2013), pp. 84-88

**28** 이형기, "중세사회의 직업관과 루터신학에 있어서 직업의 의미", 오성춘, 《직업과 영성》(장로회신학대학교출판부, 2001), pp. 163-166

**29** 이장로, "그리스도인 직장인 리더십 개발", 오성춘, 《직업과 영성》(장로회신학대학교출판부, 2001), pp. 251-277

**30** 팀 켈러, 앞의 책, p. 232

**31** 팀 켈러, 앞의 책, p. 227

**32** 팀 켈러, 앞의 책, p. 234

**33** 팀 켈러, 앞의 책, p. 238

**34** 대로우 밀러, 《라이프워크》(예수전도단, 2012), pp. 56-61

**35** 대로우 밀러, 앞의 책, p. 63

**36** 대로우 밀러, 앞의 책, p. 91

**37** 대로우 밀러, 앞의 책, p. 86

**38** 한국일, "선교적 교회의 실천적 모델과 원리", 《선교신학》 Vol. 36(2014), pp. 369-373

**39** 김병삼 외, 《건강한 교회 세우기》(한지터, 2012), pp. 48-52, 167-175

**40** 한국선교신학회 엮음, 《선교학 개론》(대한기독교서회, 2013), p. 204.

**41** 서정운, "건강한 교회, 건강한 목회", 김병삼 외, 《건강한 교회 세우기》(2012, 한지터), p. 132

**42** 이장로, 《교회경영학》, pp. 24-28

**43** 하워드 스나이더, 《하나님 나라의 모델》(두란노, 1999), pp. 20-26

**44** 소기천, "성서적 신학의 주제로서 성령", 장흥길, 《성서적 신학의 관점에서 바라본 신약신학의 주요 주제》(한국성서신학연구소, 2012), pp. 134-166

**45** 임성빈, 《21세기 한국사회와 공공신학》(장로회신학대학교출판부, 2017), p. 187

**46** 니콜라스 월터스토프, 《사랑과 정의》(IVP, 2017), p. 172

**47** 니콜라스 월터스토프, 《하나님의 정의》(복있는사람, 2017), p. 128

**48** 니콜라스 월터스토프, 《하나님의 정의》(복있는사람, 2017), p. 151

**49** 하워드 스나이더, 《하나님의 나라, 교회, 그리고 세상》(드림북), pp. 21-30

**50** 하용조, 《마태복음 강해1, 예수》(두란노, 2012), pp. 221-332

**51** 존 스토트, 《온전한 그리스도인》개정 2판(IVP, 2014), pp. 101-105

**52** 대로우 밀러, 《라이프워크》(예수전도단, 2012), pp. 284-307

**53** 존 스토트, 《제자도》(IVP, 2019), pp. 81-95

**54** 이장로, "예수님에게 배우는 리더십", 한국리더십학교, 《하나님 나라 리더십》(두란노, 2008), pp. 129-130

**55** 김세중, "사회적 교회", 세미나 발표 자료, 2019.

**56** 가트 린, 《윌버포스》(두란노, 2001)

57 하용조, 《사도행전적 교회를 꿈꾼다》(두란노, 2007), p. 20

58 선교학자인 랄프 윈터는 1973년 한국에서 열린 아시아선교대회에서 하나님의 두 가지 '구속적 구조'의 필요성을 역설했는데 모달리티라는 지역교회와 소달리티라는 선교단체가 그것이다.

59 온누리교회 선교본부 김홍주 목사가 작성한 원고를 적절히 수정하였다.

일터에서 그리스도인으로 사는 길